听说：探索课堂互动的研究谱系

REVOICING THE MINDS:

A Sketch of Research on Interactions in the Classroom

肖思汉　著

华东师范大学出版社

·上海·

图书在版编目（CIP）数据

听说：探索课堂互动的研究谱系／肖思汉著．
—上海：华东师范大学出版社，2017
ISBN 978-7-5675-7278-2
Ⅰ．①听 ... Ⅱ．①肖 ... Ⅲ．①课堂教学—教学研究 Ⅳ．① G424.21

中国版本图书馆 CIP 数据核字（2017）第 313907 号

国家社会科学基金"十三五"规划教育学青年课题"重塑科学课堂教学模式实证研究——以课堂争论为载体"（项目批准号：CHA160206）研究成果之一

听说：探索课堂互动的研究谱系

著　　者	肖思汉
责任编辑	顾晓清
封面设计	卢晓红

出版发行	华东师范大学出版社
社　　址	上海市中山北路 3663 号　邮编　200062
网　　址	www.ecnupress.com.cn
电　　话	021 - 60821666
邮购电话	021 - 62869887
网　　店	http://hdsdcbs.tmall.com/

印　刷　者	上海华顿书刊印刷有限公司
开　　本	787×1092　16 开
印　　张	19
字　　数	209 千字
版　　次	2017 年 12 月第一版
印　　次	2025 年 2 月第三次
书　　号	ISBN 978 - 7 - 5675 - 7278 - 2 / G. 10835
定　　价	79.80 元

出版人	王　焰

（如发现本版图书有印订质量问题，请寄回本社市场部调换或电话 021-62865537 联系）

目　录

第一章
引　言

　　……我相信，理解先于交谈的参与。因此，话语策略的一般理论必须始于对语言与社会文化知识的具体描绘，这些知识的共享是交谈参与得以维系的前提……

　　——约翰·冈佩尔茨（John J. Gumperz）
（1982:2–3）

学生究竟是怎样学习的？教师应该怎样教？这一直是教育研究最核心的关切，也素来是教育实践最棘手的难题。围绕这两个问题，教育哲学（如赫尔巴特）、教育心理学（如奥苏贝尔）、教育社会学（如科尔曼）等都有各自切题的取径，以及各自产出的答案。二十世纪五十年代社会科学的"语言转向"（linguistic turn）之后，各个学科的研究者都意识到，教与学在本质上是一个语言过程。二十世纪六七十年代的"身体转向"（body turn），又让研究者们认识到"举手投足"对于理解教育本质的重要意义。也就是说，学习与教学，归根结底是课堂上一言一语、一举一动的师生交往。因此，要探索"学生如何学"与"教师怎样教"，就不可避免地需要研究课堂互动。这看似不言自明的道理，在教育研究数百年的进程中，却仅有短短四十年的历史。1974 年，美国国家教育研究所（National Institute of Education, NIE）举办了一次例行的研讨会，其中一个名为"文化情境中的教学：作为语言过程"的分会场获得了大量关注。1977 年，在此研讨会的基础上，研究所资助了十项课题，号召研究者关注课堂上的话语交往（Green, 1983）。至此，课堂话语正式进入了教育研究的视野。随着这些被资助的研究者们开创性的探索，以及社会学、人类学、语言学等邻近学科的发展，"身体"也进入了教育研究的关注范围。在此之前，研究课堂上"人和人是怎么说话、怎么行动的"，或许还是一件匪夷所思的事情。如今，对课堂互动进行系统、深入、持续的分析，已经成为国际教育研究界的主流。从 1977 年到 2017 年，从匪夷所思到不言自明，从无人问津到学术主流，课堂互动研究经历了怎样的发展与变迁？在这不言自明的道理背后，又有哪些仍然需要"深描"、需要解读、需要澄清的原理与取径？这是本书想要探索的问题。

第一节　写作缘起

　　2010 年 9 月，在华东师范大学教育学系中外教育关系专业的硕士阶段学业结束后，我赴美留学，在洛杉矶加州大学（University of California, Los Angeles）攻读博士学位。当时，谨遵我的硕士生导师霍益萍教授的指点，我的研究兴趣聚焦于课堂内部的学习与教学过程，尤其是课堂互动的运作机制及其方法论的问题。非常幸运的是，洛杉矶加州大学恰恰是北美研究人类话语与社会互动的重镇之一。留美五年，我与互动分析领域的诸多泰斗级人物进行了深入的接触，向他们学习话语分析、互动分析、交谈分析、沟通民族志、微观互动民族志等研究方法。2015 年回国后，我又承担了哈佛大学考特妮·卡兹登（Courtney Cazden）教授的经典著作《课堂话语》一书的翻译工作。这些接触与问学的机会，让我在关注社会互动理论与分析方法的同时，也得以管窥一个研究领域是如何在其特有的历史背景和学术境脉中发展起来的。换言之，我有幸得见一个学术实践共同体（community of practice；参见Wenger, 1998）中的"人们"，以及他们之间的"关系"，而不仅仅是他们各自的"作品"。

　　缘于这些经历，我开始尝试一种对自己来说全新的写作形式：把课堂互动研究的种种进展与成果，重新置回有"人"的历史情境之中，用一群研究者的个人学术史，串起一个研究领域的发展史。此外，我也希望用具体的案例——他们或我自己的真实研究——呈现不同取径的课堂互动研究究竟是怎么操作的，能够得到怎样的发现。也就是说，我希望将学术史、方法论与案例分析编织在一起，在动静之间呈现这一研究领域的根茎与枝叶。

基于这样的考虑，此书的主体部分是引言之后的五个章节，以一些核心的课堂互动研究者为线索，引出五个互相关联但又不尽相同的流派，这些流派的主要区别在于关注焦点的不同。第二章将介绍以考特妮·卡兹登和休·米恩（Hugh Mehan）为代表的课堂话语结构与功能分析，这不但是课堂互动研究的早期探索，也仍然是目前的主流取径之一。在关注话语结构和功能的过程中，研究界一方面关心微观层面上的互动过程与发生机制，另一方面对文化、种族、阶层等问题有强烈的关切，这将分别是第三章和第四章所论及的问题，其代表人物分别是弗雷德里克·埃里克松（Frederick Erickson）与雪莉·布赖斯·希思（Shirley Brice Heath）、克丽丝·古铁雷斯（Kris Gutiérrez）、卡萝尔·李（Carol D. Lee）等人。此外，批判的向度也一直是课堂互动研究中的重要声音，这将是第四章所介绍的主题，其代表人物是雷蒙德·麦克德莫特（Raymond McDermott）。最后，第五章将关注学习科学切入课堂互动的独特视角与方法。

对于这样的内容组织，有几点需要说明。首先，五章的排列顺序大体上基于各个流派的代表人物在历史舞台上的"出场时间"。但是，这样的排序，乃至这样的章节区隔，难免有"刻舟求剑"之嫌，因为课堂互动研究作为一个整体学术领域而言，各个层面上的关注焦点实际上是交织在一起的。例如，埃里克松虽然被归为微观情境分析的代表人物，但他的研究也具有强烈的文化向度。又如，古铁雷斯、李等文化向度的学者，同时也带着批判的立场。因此，本书的章节安排只是为了论述上的方便，而不能被视为对课堂互动研究的截然、明晰、确凿的"分门别类"。其次，在书写这五个流派时，我有时谈及的是一个群体，如结构功能分析中的米恩、卡兹登、萨拉·迈克尔斯（Sarah Michaels）、玛丽·凯瑟琳·奥康纳（Mary Catherine O'Connor）等人，有时谈及的是有代表性的个人，如微观情境分析中的埃里克松，以及批判取径中的麦克德莫特。这样的选择主要基于两个考虑：第一，本书更关注的是对课堂互动研究领域做出巨大贡献的人，而不是这个领域本身的发展史，因此我不打算做面面俱到的述评。第二，我希望书中有"对话"的声音——有身为课堂互动研究者的我，与这些堪称领域内最核心人物的同行之间的"对话"——所以虽然有我的选择侧重，但读者仍可从中窥见这个领域的发展主线。再次，也正因为这样的考虑，这本书聚焦于北美学界，而几乎没有涉及到其他地区的重要人物及其研究，如英国的尼尔·默瑟（Neil Mercer）、澳大利亚的阿兰·卢克（Allan Luke）等。这既是我的有意为之，也是我的局限所致。

在作为主体部分的五章（即第二章至第六章），每一章将由三部分组成：首先，从每一个流派所对应的核心人物的个人学术史出发，勾勒这一流派的发展脉络与主要关切；同时尽可能地写出这些人物之间的关系——我试图呈现，或因学术旨趣，或因现实关切，或因社会风云，这些人物的命运以直接或间接的方式互相关联。其次，依照这些人物对课堂互动研究的主要贡献，梳理每个流派的经典研究及其发现[1]；最后，在结语中回到这些核心人物，对他们的学术生涯及其关切做出简要的总结或评论。

本书试图用一个课堂互动研究的核心命题串起这五章，即教育公平与社会公正，这是五个流派的人物所共同关切的问题。而在全书最末的第七章，我将基于自己的研究经历，进一步探讨这一命题。我试图论证的观点是：互动研究抵达社会公正的一个重要途径，就是通过学术研究获得对他人的更深入、更共情的理解，而获得这样的理解需要研究者消除三个偏见："语言中心"的偏见、"人类中心"的偏见，以及"编剧"立场的偏见。这里将用三个具体的案例，分别阐述这些偏见如何阻碍了我们对课堂互动的理解，并探讨消除这些偏见的方法。这些案例都来自于我在美国某小学做博士论文课题期间的田野工作、数据与反思。

总之，在讲述每一个研究者的个人学术史时，本书关注的核心问题是：其人是怎样开始研究"互动"的，又经历了哪些转向？他是在怎样的社会和学术背景中开始学术旅程的？他最大的关切和困惑是什么，所得又是什么？在梳理每一条研究取径（或言，每一个研究子领域）时，我关注的核心问题是：这一取径有哪些最重要的研究？得到了哪些发现？它们和其他取径的研究有何异同，又是如何影响了其后的研究？最终，本书将落脚在研究者的反思向度上，以期在更广阔的社会变革背景下与读者探讨课堂互动研究的"可为"。

---

[1] 本书中所有对课堂转录文本的直译与引用，均已得到原作者的许可。

第二节　课堂互动研究前传

　　课堂互动研究是从哪儿来的？虽然在讲述每一个研究者时，都会涉及这一问题，但仍然有必要先对其最核心的基础做出阐述。埃里克松曾写道，他对课堂互动行为的研究受到六个"学派"的影响[①]：情境分析、沟通民族志、欧文·戈夫曼（Erving Goffman）的研究、交谈分析、互动社会语言学，以及"大写 D"的话语分析（Erickson, 2004:viii）。其中，戈夫曼的理论在国内已有许多引介与研究，此处不再赘述。下文将对其他五个学派逐一地简要介绍[②]。必须提前说明的是，这些领域无论是从学术发展史来说，还是从理论旨趣和方法取向来说，都是彼此交织在一起的，很难区分为互斥的学科领地。下文的分别阐述只是一种勉为其难的尝试。

[①] 埃里克松的原文里写的是"五个学派"，但从其后的列举来看，应是六个学派。

[②] 交谈分析（conversation analysis）是在常人方法学（ethnomethodology）的基础上发展起来的，后者为前者提供了核心的方法论视角。因此，下文将介绍常人方法学，而将交谈分析作为其中一部分加以阐述。

（一）情境分析（context analysis）

1955 年，斯坦福大学行为科学高级研究中心（Center for Advanced Study in the Behavioral Sciences, CASBS）的六名不同学科背景的研究人员开始合作探索人类的语言行为，包括：精神病理学家弗里达·弗罗姆 – 赖克曼（Frieda Fromm-Reichmann）和亨利·布罗辛（Henry W. Brosin）、语言学家查尔斯·霍基特（Charles F. Hockett）和诺曼·麦奎恩（Norman A. McQuown）、人类学家艾尔弗雷德·克罗伯（Alfred L. Kroeber）和大卫·施奈德（David M. Schneider）（Leeds-Hurwitz, 1987:4）。当时，弗罗姆 – 赖克曼说服麦奎恩为她的一次精神问诊做微观的文字转录，因为她相信这种微观的转录将为她基于直觉的临床诊断提供更细致的证据（Kendon, 1990:17）。1956 年，又有两位人类学家加入了这个研究团队，他们分别是格列高利·贝特森（Gregory Bateson）和雷·伯德威斯特尔（Ray L. Birdwhistell）。贝特森及其妻子玛格丽特·米德（Margaret Mead）是最早运用视频技术来记录和研究人类行为的学者之一，他为团队拍摄了许多用于分析的视频。伯德威斯特尔则是身势学（kinesics）的创始人，他对人类的身体行为（如体态、手势、面部表情等）的研究，为团队的转录工作带来了新的视角与工具。虽然这一研究团队的大部分工作从未公开发表，但是这一项目——后来被称作"一次精神问诊的自然史研究"（The Natural History of an Interview,

NHI）——却深远地影响了后世的行为科学研究[1]。

NHI 的深远影响之一就是催生了"情境分析"。正如其名称所示，这一取径的基本观点是，任何人类互动都必须置于其发生的情境里才能理解。举例来说，"用手指向某处"这一手势，如果孤立地看，只不过是手（或手指）的一种摆放姿态而已，本身不具备任何交流的意义；只有将其置于某一特定的物理环境里，置于时间发生的先后序列里，置于其他语言或动作的相互关系里，才能理解它的意思，例如：

甲：看！（用手指向远处的晚霞）
乙：（顺着甲手指的方向，扭头望向天空）啊！

也就是说，"指向"这一概念本身就是情境性的，带有文化含义。一旦脱离情境，它就仅仅是一个生理层面的动作而已。然而，只要把这一动作置回情境之中，哪怕言语互动本身只有两个字，我们也能理解这一动作、乃至整个互动的含义。因此，情境分析拒绝还原论的倾向，不认为互动可以还原为一系列接连发生的模块（比如一串语句、一组手势等），而提倡要从整体上理解互动的含义（Kendon, 1990:16）。埃里克松指出，情境分析的取径对于互动研究的最大启示是，"人类的社会互

---

① 温迪·利兹－赫维茨（Wendy Leeds-Hurwitz）认为，NHI 项目对人类互动研究领域的重要性主要体现在四个方面：第一，这种跨学科（精神病理学、人类学、语言学）的长期（超过十年）合作在当时极为少见；第二，它是第一次深入而系统地用微观分析的方式研究社会互动；第三，它发展出了身势学（kinesics）和副语言（paralanguage）研究，而它们后来都成为了互动研究的核心领域；第四，它标志着"结构取径"（structural approach to communication）的确立（Leeds-Hurwitz, 1987:1-3）。

动是一个实时而连续地发生的、符号学意义上的生态系统，它借由非语言和语言的途径，以听或说的方式，被互动的所有参与者共同塑造"（Erickson, 2011:181）[①]。有意思的是，这一取径最初由精神病理学家弗罗姆 – 赖克曼所推动，而后来参与其发展的其他精神病理学家发展出了家庭疗法，提倡从患者的家庭整体状况入手，以系统的视角理解病理，并进行相应的临床治疗，这正符合了情境分析的原则（Erickson, 1996）。

身为精神治疗师的艾伯特·谢弗林（Albert Scheflen）在 1960 年代参与了 NHI 课题的后期工作。在贝特森和伯德威斯特尔的视频技术支持下，他用情境分析的方法研究了自己的精神分裂症患者。他发现，虽然这些患者的行为举止被认定为是精神分裂，但它们并不是凭空发生的。按照麦克德莫特和大卫·罗思（David R. Roth）的说法，旁人（包括治疗师）的有序行为为精神分裂症患者的无序行为提供了可能（McDermott & Roth, 1978:339-340）。为什么有序会为无序提供可能？情境分析要求研究者抛弃"无序"与"有序"、"合理"与"谬误"、"正常"与"非正常"的对立，而仅仅询问情境是怎样"使发生的事情发生的"。这一立场是情境分析影响课堂互动研究的又一层面。

---

① 在本书余下部分，我将用"互动参与者"来指称在某个情境中共同参与互动过程的人（如在课堂里上课的师生、在餐桌上聊天的一家三口、在厨房里一起做饭的夫妻等）。英文文献里有很多词来指称类似的角色，如"言说者"（speaker）、"交谈者"（conversant）、"对话者"（interlocutor）、"互动者"（interactant），等等。其中，"互动者"最贴近我想表达的意思，但我在本书用"互动参与者"来进一步强调互动各方的"参与"属性。例如，在课堂上沉默地听课的学生不属于交谈者或对话者，但仍然是课堂互动的参与者——他们以聆听、做笔记、注视教师和投影等方式参与到课堂中来。又如在厨房里一起做饭的夫妻，并没有任何交谈，但一人择菜一人洗、一人炒菜一人装盘的行为配合，仍然意味着他们是在共同参与一场互动。

（二）沟通民族志（ethnography of communication）

二十世纪初以来，在著名人类学家、语言学家弗朗茨·博厄斯（Franz Boaz）的影响下，美国社会科学界开始关心语言与文化的关系，而人类学与语言学的综合研究渐渐催生了一门新的学科：语言人类学（linguistic anthropology）。早期的语言人类学家主要关注的问题是异文化族群的人是如何使用他们的语言的，例如博厄斯本人在1911年出版的《美洲印第安语言手册》一书。基于他对这些"土著语言"的长期记录与分析，博厄斯认为语言是人类思想的窗户，我们可以通过语言的使用来考察人的思维，而不同的语言背后可能有着不同的思维方式。他的这一观点被其学生爱德华·萨丕尔（Edward Sapir）以及萨丕尔的学生本杰明·沃尔夫（Benjamin Lee Whorf）发展，成为了著名的"萨丕尔—沃尔夫假说"，即语言（如词汇、类属、述词等）的使用会影响思维的过程与结果。他们进而认为，不同的文化看待世界的方式不同，而他们所使用的语言反映——或者说，编码（encode）——这些不同（Lucy, 1997）。这一假说与乔姆斯基的通用语法论恰恰相反，因此又被称之为语言相对论（linguistic relativity）①。语言相对论最有名的示例是，爱斯基摩语中指称"雪"的名词要远远多于其他语言，这是因为雪在爱斯基摩人的文化中扮演着极其重要的作用，因此他们为雪进行"编码"的语言多于其他文化中的人，而使用这种语言的爱斯基摩人看待世界的方式也与其他人不同。又如，倘若一种语言的人称代词没有区分不同的

---

① 若认为语言决定思维，则是"语言决定论"（linguistic determinism）。

性别（如中文的"他"和"她"、英文的"he"和"she"），那么相对而言，使用这种语言的人在思维方式上也不会区别地认知不同的性别。

　　沟通民族志就是在这样的背景下诞生的，它从一开始就与语言和文化紧密相连。1962 年，当时在伯克利加州大学任教的德尔·海姆斯（Dell Hymes）发表了《言说的民族志》（*The Ethnography of Speaking*）。1964 年，他又在《美国人类学家》杂志上发表《导论：走向沟通民族志》一文，正式起用了"沟通民族志"这一说法（Hymes, 1962, 1964）。"沟通"关注的是人的社会互动，也就是人是如何言谈和交往的，而"民族志"则意味着要从最广义的社会与文化层面去关注这种社会互动。因此，与乔姆斯基提倡研究语法本身的结构不同，海姆斯提倡对某一特定社区的特定人群的语言使用做深入的记录、描述和分析，即"对一个社区的沟通行为做民族志分析"（Hymes, 1974:9）。沟通民族志就是要用民族志的方法，记录、描述与阐释这些日常的沟通行为与文化的关系。经过半个世纪的发展，遵循沟通民族志取径的学者深入地研究了语言与文化各个层面的主题，包括语言与性别、语言与政治权力、语言意识形态、语言与身份认同，等等。

　　沟通民族志的基本分析单位是言语行为（speech act），即实施某种行为的言语。例如，"嘿，小明！"这三个字构成"呼唤"的言语行为；而"小明呢？"这三个字则构成"询问"的言语行为。除此二者之外，问候、命令、请求、答复、夸赞、抗议等等都是日常沟通中常见的言语行为。由此可见，沟通民族志关心的并不是内在于语言的语法结构，而是外在于语言的互动功能。

　　一系列相关的言语行为构成言语事件（speech event）。例如，饭桌上的某一次夫妻争吵，或者电话中的某一次预约体检的对话，就构成一次言语事件。再扩大一些，言语事件是发生在特定的言语社区（speech community）之中。这一概念强调的并非是语言的类属，而是社会互动的类属。举例来说，在华东师范大学，虽然财务处和化学系这两个"社区"都使用同样的语言——运用同一套词汇，遵循同样的语法结构，等等——但发生在两个"社区"中的言语事件和言语行为会有很大的差异，如财务处不常见"讲授"，而化学系不常见"咨询"等等。言语事件和言语社区的范畴进一步凸显了社会与文化在沟通民族志中的核心地位。

为了进一步澄清沟通民族志的取径，海姆斯（Hymes, 1974）用"言说"的首字母为缩写，提出了一个 S-P-E-A-K-I-N-G 模型，认为沟通民族志的研究应关心如下八个方面：

- 场景（Scene/Setting），即言语事件发生的社会与文化情境；
- 参与者（Participants），即沟通的各方，包括言说者与听者等；
- 目的（Ends），参与者进行沟通的目的或指向的结果，如贩卖、说服等；
- 行为序列（Act sequence），言语的具体内容与言语行为；
- 基调（Key），言语行为发生的方式，如"严肃地陈述"、"讥讽"等；
- 途径（Instrumentalities），即言语行为发生的途径，如口头沟通、书信交流、告示牌展示等；
- 规范（Norms），包括互动的规范以及阐释互动的规范；
- 风格（Genres），即言语行为发生的特定形式，如诵读、诗歌、说唱、"一言堂"、广告等。

可以再次看出，沟通民族志关心的是语言在特定情境中如何使人的互动成为可能。也可以说，在语言学和人类学之间，这一取径最终落脚在人类学。至于个人层面的语言使用，海姆斯提出了"沟通能力"（communicative competence）的概念，它关涉的是人在特定社会、社区或情境中是否能以适当的方式与他人沟通。而所谓恰当，就是指合乎特定的社会与文化规范。为了将此概念与乔姆斯基式的语法能力相区分，我们可以想象这一情境：你出门办事，刚锁好家门，邻居老李也从家里出来，见到你说："哎，出门去呀？"

你该如何理解这一问题？又该如何回应？这首先涉及到你怎样看待这一"言语行为"。一个缺乏沟通能力的人——即一个不熟悉这一文化情境的人——可能会将其理解为一个"询问"，那么这就是一个很奇怪的询问——你明明看到我走出门外了，还有什么必要问我是否出门，岂非明知故问？其实，熟悉这一情境的人会将这里的"出门去呀"解读为"问候"，而非"询问"。具备沟通能力的人会回以"问候"——"是呀，我出门去。"这并不是无意义的问答，而是特定情境中的问候方式①。

---

① 一个或许更好的例子是美国文化里日常问候的常规方式："How are you?"我初到美国时，对这种问候方式极不习惯：对方与我擦肩而过的瞬间，问了这么一个问题，而我当时储存在"语言库"里的标准答案是"Fine, thank you, and you？"说完这一串，人早都走到身后很远了，哪还有"and you"可言。我当时所烦恼的是，既然你不减慢脚步，很明显根本不在意我究竟过得如何，又何必？过了至少两年，我才习惯另一种回答——美国文化中的标准答案——"Good, how are you？"嘴熟之后，这四个单词可以在一秒钟之内说出，而对方再接一个"Good"，刚好是一个擦身的时间。

从沟通民族志的视角来看，这就是一个"沟通能力"的转变。在美国文化中，对"how are you"的正确解读是"问候"，而不是"询问"。也就是说，问者原本就不关心"how"，这个问句和中文的"你好"没有本质区别。而其标准答案"good"也并不关乎语义，也就是说，我并不需要"过得好"才会回答"good"。事实上，倘若我做出"good"之外的其他回答（如"not bad"甚或"not well"），则是破坏了规范，会令对方感觉非常奇怪。

（三）常人方法学（ethnomethodology）

二十世纪五十年代，社会学的主流取向是将"社会"看作是一种先于且外在于日常生活的结构。当时的社会学名宿塔尔科特·帕森斯在其巨著《社会行为的结构》中就指出，社会生活之所以有秩序，是因为人们事先获得了一些概念结构，我们都是带着这些概念结构去理解日常经验（Parsons, 1967）。

常人方法学就诞生在这种"宏大理论"的背景之中。1946 年，刚刚从二战军营里出来的 29 岁年轻人哈罗德·加芬克尔（Harold Garfinkel）进入哈佛大学，成为帕森斯门下的一名博士研究生（Heritage, 1984）。虽然仰慕帕森斯的学问，加芬克尔对其理论的立足点却不甚满意。加芬克尔的疑问在于，帕森斯的理论预设了一系列社会行为的基本单元，而不是首先以经验的视角去观察具体社会情境中的具体人的具体行为。换言之，帕森斯的理论要求研究者带着先验的眼镜去分析社会行为，而不去理会这些行为的主体是如何理解他们自己的行为的（Maynard & Clayman, 2003:175）。1954 年，加芬克尔创造了 ethnomethodology 一词，用以描述他研究社会行为的独特取径。根据加芬克尔本人的回忆，他创造此词的灵感源自 ethnobotany（民族植物学），即一门研究不同社会与文化中的人有关植物的知识和实践的学问——前缀"ethno-"是指"一群居住在特定文化中的人"，而词根"botany"则是指这门学问所关心的这群人所关注的对象（Garfinkel, 1974:15-18）。加芬克尔当时正在研究陪审员的实践知识，即陪审员是如何知道应该怎样做一个陪审员，以及他们实际上是怎样实践这一角色的。他察觉到，这些陪审员都有一套"做一个陪审员"的方法论（methodology）。因此，借鉴"ethnobotany"的构词法，他用"ethnomethodology"来指称一门新的学问，即研究某一特定的人群（如陪审员）进行某一特定的社会行为（如做一个陪审员）的方法论的学问①。从构词上就能看出，常人方法学和民族志有天生的联系，所关注的都是对特定文化情境中的人类行为的系统记录、深入描述与本土阐释。

从 1954 年至 2011 年去世，加芬克尔一直在洛杉矶加州大学任教。在这里，他与同事哈维·萨克斯（Harvey Sacks）、伊曼纽尔·谢格洛夫（Emmanuel Schegloff）、盖尔·杰斐逊（Gail Jefferson）等社会学家一起合作，继续探索日常生活中的社会行为，而他们合作的结果是一种被称为"交谈分析"的新方法②。作为社会学的研究方法，交谈分析关心的依然是社会结构、秩序与行为，但是它遵循一种迥异于宏大理论的新取径：它关心社会结构和秩序是如何在一种特定的行为——互动中的言谈（talk-in-interaction）——中即时地实现的。

交谈分析的基本分析单位是"话轮转换"（turn-taking），也就是两个交谈者接连说出的话，或者更通俗地说，"你一言、我一语"就是一次话轮转换。交谈分析认为，话轮转换是一种最基本的社会组织形式，其中呈现的互动序列（interactional sequences）及其组织（sequential

---

① 所以这个名称有点迷惑性：它里面的"methodology"并不是指称常人方法学本身，而是指它所研究的对象——它研究特定人群（ethno-）所日常使用的方法论（-methodology）。
② 关于常人方法学和交谈分析之间究竟有何种程度的渊源，学界也说法不一（Maynard & Clayman, 2003:176）。

organization）里蕴藏着社会秩序的奥秘。例如，在一场交谈中，你怎么知道前一个说话的人已经说完了？你怎么知道谁应该下一个说话？你怎么知道自己应当在什么时机开始说话？更广义地说，为什么交谈通常能正常地进行下去？为什么不会乱糟糟、闹哄哄、毫无章法？这些问题都关乎社会秩序在实时互动中的呈现、构建与协调。而要探索这些问题，就需要在自然发生的交谈里，以话轮转换和序列组织为单位，考察言语之间的联结。与情境分析一样，交谈分析也关注情境的作用（Goodwin & Heritage, 1990）。与沟通民族志一样，交谈分析也关注特定的言语行为。只不过，较之前述的两种取径，交谈分析更明确地将分析焦点放在话轮转换和序列组织上。谢格洛夫和萨克斯在1973年发表的一篇经典论文里探讨了一个问题：交谈的双方是怎样知道交谈行将结束的？也就是说，"结束交谈"这件事情是怎样自然发生的？通过分析很多自然交谈，他们发现，交谈的双方往往会预置一些言语，为交谈的结束做好准备。他们把这些预置的言语称作"前结束语"（pre-closings），如"那好"、"行"、"所以"等，其特别之处在于它们都是作为一句单独的言语出现的[①]，且音调下抑。这种言语表明言者已经"说完了"。如果听者也没有新的话题，交谈则会结束（Schegloff & Sacks, 1973）。可以看出，交谈分析所关心的依然是社会秩序，是宏大社会之"无序中的有序"的原理。然而，与传统的社会学研究相比，交谈分析的切入点在于自然、日常、实时的互动行为，是从后者的微观机制反观社会秩序的存在及其运作。

---

① 用交谈分析的术语来说，这些"前结束语"占据整个话轮。

　　另一个或许更加清晰的例子是谢格洛夫在 1980 年发表的《铺垫的铺垫："我能问你一个问题吗"》中探讨的一种序列组织。例如，请看如下的交谈：

（a）

a-1 小白：哎，你中午有空吗？

a-2 小红：有空。

a-3 小白：好的，再见。

a-4 小红：嗯，再见。

　　这段对话很难理解，看起来很不"自然"。可是为什么呢？小白问小红一个问题（a-1），小红做出了回答（a-2），小白的回应表示自己知晓了这一回答，并道别（a-3），小红回应道别（a-4），对话结束。哪儿有问题呢？如果把交谈视为信息的来回传递，这段对话就没有任何问题。请比较如下两个交谈：

（b）

b-1 小白：哎，你中午有空吗？

b-2 小红：呃，挺忙的。

b-3 小白：噢，那好。

b-4 小红：嗯。

（c）

c-1 小白：哎，你中午有空吗？

c-2 小红：有哎。

c-3 小白：那一起吃饭不？

c-4 小红：行呀。

　　（b）和（c）的对话都很"自然"，很好理解了。为什么呢？因为小白的问题（a-1/b-1/c-1）并非旨在"获取信息"。谢格洛夫将其命名为"铺垫的铺垫"，它是在为小白邀请小红吃饭（c-3）做出铺垫。小红对"铺垫"的回应也是一个铺垫，它预置了小白的下一步回应：如果小红说很忙，那么小白所铺垫的问题就没必要问了（b-3）；如果小红说有空，那么小白才会问出铺垫的问题（c-3）。有学者指出，铺垫的铺垫是社会互动中的一种基本秩序（Schegloff, 1980）。

（四）互动社会语言学（interactional sociolinguistics）

1982 年，约翰·冈佩尔茨（John J. Gumperz）出版《话语策略》一书，系统地阐述了他自七十年代以来对社会互动的研究。自此之后，互动社会语言学的阵营迅速壮大，其研究持续地拓展与深化，产出了一系列有影响力的成果。例如，剑桥大学出版社出版的"互动社会语言学研究"（Studies in Interactional Sociolinguistics）丛书，始于冈佩尔茨 1982 年的《话语策略》，到 2015 年 6 月出版了第 31 本专著。

互动社会语言学与沟通民族志很难区分开来。事实上，前者的代表人物冈佩尔茨和后者的代表人物海姆斯合著过许多作品。这两个取径也共享一些基本观点。首先，虽然一个落脚在语言学，另一个落脚在民族志，它们都遵循人类学的取径，即强调在社会与文化的情境中研究语言。其次，它们都认为互动（或者沟通）的本质是一种社会关系的呈现。正如冈佩尔茨所言，互动社会语言学的目的在于呈现"在生活情境中，参与互动的个人如何运用言谈来达成沟通目标的"（Gumperz, 2011:218）。这一取径的另一主要人物德博拉·坦嫩（Deborah Tannen）也称，语义"并非内在于词汇之中，而是言者与听者在使用语言达成某一互动目标的过程中共同创造出来的"（Tannen, 2004:76）。

和沟通民族志不同的是，互动社会语言学的核心主题是语言的多样性。但是它阐释多样性的起点并不是帕森斯式的"结构"或布迪厄式的"场域"概念，也不是早期语言人类学家对异语言本身特征的记录和描述，而是作为社会互动得以进行前提的、隐藏在语言使用背后的共享情境知识。例如，倘若我问小白："你刚才跟小红说什么了？"小白回答："我问她中午有没有空。"那么，我会推断小白或许是想约小红出去，虽然"我问她中午有没有空"这一回答的字面意思上根本没有这一含义。这个例子改编自冈佩尔茨本人的示例（Gumperz, 2011:219），由此可见，互动社会语言学和交谈分析有很大的相似之处。其不同在于，后者仅仅关注呈现在即时的互动——更具体地说，"言语序列组织"——之中的交谈策略，而前者更关注反映在这些策略中的对于互动意图的阐释；并且，前者还关心即时的互动之前的言语事件，认为这些过往的互动也为即时的互动提供了推断的基础。因此，似乎可以说，互动社会语言学比交谈分析更加"人类学"。从贝特森（Bateson, 1956）的情境概念得到启发，冈佩尔茨将互动参与者用以推断情境的资源统称为"情境化线索"（contextualization cue; Gumperz, 1982）[1]。由于不同语言背景的人带着不同的情境知识，他们各自对情景化线索的解读也不一样，互动社会语言学正是从这一角度切入语言多样性的研究。

除了冈佩尔茨本人的开创性工作之外，互动社会语言学里最有名的研究可能是他的两位学生佩内洛普·布朗（Penelope Brown）和斯蒂芬·列文森（Stephen C. Levinson）对礼貌行为的探索。布朗和列文森夫妇在墨西哥、巴布亚新几内亚、印度等地做过深入的田野研究，对泰

---

[1] 累赘但更加准确的翻译应该是："使情境得以成为（共享的）情境的线索"。

米尔语、耶里多涅语等语言有系统的记录与描述。基于戈夫曼（1955）的面子理论（face-work），布朗和列文森（1987:62）定义了两种"面子"：积极的面子，即希望自己的行为受到他人的肯定和赞同；消极的面子，即希望自己的行动自由不受他人的妨碍。如果某人的行为有可能妨害到他人的面子（无论积极或消极），他可以作出一系列策略，从而避免这种妨害。举例来说，假如你最近囊中羞涩，想找一个朋友借钱。你可以不直接表明用意，而是迂回隐晦地传达意思，例如："我最近手头有点紧。"或者："我最近都没找到银行卡，不知道怎么回事。"你也可以表明用意，表达借钱的意思——提出请求。其中，你可以不顾及对方面子，做出直接的请求，例如："来，借点儿钱给我呗。"也可以顾及对方面子，做出间接的请求。在顾及面子的请求中，你可以顾及对方的积极面子，即积极礼貌，也可以顾及对方的消极面子，即消极礼貌。在1987年的著作里，布朗和列文森基于互动的社会语言学取径，详细阐述了积极礼貌和消极礼貌的各种策略。囿于篇幅，我在积极与消极礼貌中分别介绍一种典型策略。

布朗和列文森认为，积极礼貌的目的是为了传达"我的请求能让你的行为受到肯定或赞同"（即积极面子）。达到这一目的有三个原则：其一，强调双方的共同立场或利益；其二，强调双方是合作者；其三，满足对方的愿望。满足这三个原则的具体策略之一叫做"寻求共识"（seek agreement）：人总有一种想要别人承认自己是"正确的"的渴望，积极礼貌是要有目的地寻求这种机会，去承认对方的"正确"。具体来说，一是谈论安全话题。安全话题的意思就是，对方在这些话题里的意见永远是正确的。例如在大城市，谈论交通堵塞就算是一个安全话题，因为大家都可以大发"正确的牢骚"。二是重复对方的言语，最好是以一种"哎哟我之前不知道呢现在我可算知道了"的夸张语气。例如甲说："我上周梦见中彩票了。"乙回答："啊，你梦见中彩票了呀！"这种重复，后来在课堂互动研究里得到了极其细致的研究，并且成为了一个著名的教学话语策略——"回音"（revoicing，详见第二章）。

消极礼貌比积极礼貌微妙许多，因为它的用意在于传达"我的请求不会妨碍你的行动自由"（即消极面子）。如何衡量一个行为对他人之行动自由的影响？布朗和列文森列举了三个因素：社交距离、权力关系、行为影响的绝对值。前两个比较好理解，例如我们和亲人之间的交流不会对消极面子产生较大影响，因为社交距离很近；然而，下属需要顾及领导面子，领导不大需要顾及下属的面子，因为权力关系不同。行为影响的绝对值则是指某个行为本身的属性——它内在地对面子的影响。比如"借钱"这个行为，无论前两个因素如何变化，它本身对面子是有必然影响的。因此，消极礼貌中有一项策略——"请求的最小化"（minimize the imposition）——就是要减弱这个必然影响，即强调行为本身对他人仅仅会造成微乎其微的影响。例如，我们在日常生活中会遇到这样的对话：在礼貌的程度上，迂回隐晦最为礼貌，但请求的效果不好，消极礼貌次之，积极礼貌又次之，直接请求当然最不礼貌。因此，在日常生活中，最常见的是消极礼貌。

小红：你找我有什么事吗？

小白：噢，其实也没什么事，就是想请你帮个忙。

表面上看，"其实也没什么事"是毫无意义，甚至是错误的，因为小白最终还是提出了请求——他明明是有事的。这个语句的作用便是"最小化"这个请求的分量。可以看出，互动的社会语言学与交谈分析有很大的相似，只是前者对文化——尤其是文化的多样性——有更深的关切。

（五）"大写 D"的话语分析（capital-D Discourse analysis）

上述四个取径虽然都将语言与更宏大的社会和文化层面关联在一起，但它们的着眼点还是语言本身——或者更准确地说，言语（utterance）。虽然它们的理论关切略有不同，但无论是情境分析、沟通民族志，还是互动社会语言学，都是以互动中一句接一句的言语为分析单位的，更不用说以话轮转换为分析单位的交谈分析了。心理与社会语言学家詹姆斯·保罗·吉（James Paul Gee）将这些取径归为"小写 d"的话语分析，即针对运用中的语言（language-in-use）的分析。而"大写 D"的话语分析则沿袭欧洲大陆的社会科学传统，在语言—社会文化的维度上，落脚在社会文化一边，通过语言来研究更为宏大的政治、权力、阶层、意识形态等层面的问题。诺曼·费尔克拉夫（Norman Fairclough）的批判性话语分析、冈瑟·克雷斯（Gunther Kress）的社会符号学研究和多模态话语分析、图恩·梵·迪克（Teun van Dijk）的社会认知分析等，都可以被归为此类。全面介绍这些取径超出了本章的范围，我在此仅阐述吉本人的研究。相较以上其他人而言，吉的身份认同视角对课堂互动研究产生了更大的影响。

和前述取径一样，吉也认为语言和社会文化密切相关，但他关心的更多是在于这二者之间的关联，而不是在后者的关照下研究前者。他一直强调，仅仅关注语言本身是不够的，因为一个人说什么，永远与其相信什么、喜欢什么、重视什么、关心什么、做过什么、成为什么息息相关。换句话说，言说、处事与为人是分不开的，"说什么样的话"与"做什么样的人"紧密相连，并进而和某一社会群体及其文化实践紧密相连。我们在日常生活中，往往能够通过一个人的言谈来判断其身份或职业，就是这个道理。并且，一个人可以有许多身份，所对应的言说方式也不一样。例如，某人可以同时是一个外科医生和一个冲浪爱好者，那么此人在医院里与同事说话的方式，和在冲浪俱乐部里与同伴说话的方式，很可能大相径庭。

因此，吉指出，"大写 D"的话语（以下简称话语）不仅包括人们使用的语言本身，也包括和语言相连的"思维、感觉、信念、价值、行事的方式"；人们基于这些方式，"将自己归属到某一个社会群体或'社会网络'之中，认同自己的某一社会角色"（Gee, 2007:161）。和前述取径不同的是，吉详细地阐释了这种关联是如何在一个具体个人身上发生的。他认为，每个人都出生在一组特定的情境中，这些情境都为幼时的个人呈现出一个"普通的正常人"生活的方式。例如，出生在音乐世家的孩子很可能会觉得日常生活中有音乐相伴是很正常的事情，出生在犯罪率高的贫民窟的孩子很可能会觉得街上有人打架、警察时常造访是很正常的事情，出生在有虔诚宗教信仰家庭的孩子则很可能会觉得每天祈祷诵经是很正常的事情。这些生活方式——包括一整套信念、思维、言谈、行事、处世的方式——都是吉所称的"首要话语"（Gee, 2007:156）。在社会化的过程中，这种首要话语会内化为我们的日常话语。随着我们的成长与历事，许多"次要话语"会进入我们的生活，例如学校话语、职业话语等等。首要话语和次要话语可能相处融洽，也可能有很多矛盾与冲突。这一阐释在语言教育和语言社会化的研究领域已经得到了很多支持。例如，希思的民族志研究发现，美国学校教育中的学术话语与白人中产阶级的日常话语最为接近，而与非裔美国人的日常话语格格不入（详见第四章）。她据此认为，黑人学生之所以在学业方面遇到更多的困难，并不是因为他们天生具有某种缺陷（如智商、态度、勤奋程度等），而是——用吉的话来说——他们的"首要话语"和学校教育所要求的"次要话语"之间有很大的抵触。

因此，人的社会化与学校教育就不可避免地与"谁的话语"这一权力问题相关。在这个意义上，吉认为话语内在地具有意识形态的属性：一套话语已经规定了谁是"正常"的，谁"不正常"（Gee, 2007:161）。例如，一个有性别偏见的社会已经规定了男性"应该怎么说话"，女性"应该怎么说话"，那么一个不遵循自己的性别认同说话的人就会被视为一个"不正常"的人。也正是在这个意义上，话语和权力、统治、控制联系在一起。吉甚至声称，"言说与行事的并不是'单独的'个人；毋宁说，是被历史与社会所界定的各种话语在借由个人之口彼此言说"（Gee, 2007:162）。

结语

本章在社会科学的视野里，简要阐述了互动研究的五个主要取径，它们大多兴起于二十世纪中叶，而对七八十年代成长起来的课堂互动研究带来了深刻的影响。如前所述，无论是从其学术旨趣、视角和主题，还是从其主要人物的个人学术史来看，这些取径之间都有着千丝万缕的联系。在此章的结尾，我尝试提炼这五个取径对于课堂互动研究的两个核心启示。这两个启示也是理解此书余下部分的重要前提。

第一，日常生活中的互动是一个生态系统。这个系统不但包括言语的内容（如词汇和句子）与形式（如音高、音调、韵律），也包括非言语的行为（如眼神、表情、手势），还包括言语所存身的社会文化情境。这一生态系统的观念要求我们抛弃还原论的倾向，而从整体入手研究互动的运作机制。其中，情境对话语的生产与阐释尤其有决定性的影响。离开情境分析话语，看到的只会是一堆零散的言语，而无法看到言语所建构的意义。正如埃里克松（2004:5）所说，"互动"（interaction）并不是单独的个人所生产的单个的"动"（action）的总和；"互"（inter）才是这个概念的关键。要看到"互"，我们就必须首先看到生态系统，看到社会关系，看到情境。例如，我们往往能看到类似这样的课堂分析，

"在这节课上，教师一共提出了 57 个问题，其中 12 个是开放式问题，45 个是封闭式问题，因此，教师应该进一步强化提问设计，多提开放式问题"。脱离了具体情境，脱离了话语在情境中实时的建构及其意义阐释，这样的描述与评价是毫无意义的[①]。

第二，记录与描述是互动研究的基本功，这是通向共情之理解的必经之路。即使是最强调文化的沟通民族志，或者是最着眼于宏大结构的"大写 D"的话语分析，都承认记录与描述是研究的起点。互动研究里的记录不是"把对话一句一句记下来"的简单记录，而是系统、严格、规范的转录，它本身就是一项富有理论意涵的工作（Ochs, 1979），需要专业的意识与刻意的训练。互动研究里的描述也不是"这儿发生了什么"、"人们各自做了什么"的普通描述，而是人类学意义上的"深描"（Geertz, 1973）。对于记录与描述，本书末章还将专门讨论。此处需要强调的仅仅是，这种基本功首先要求研究者沉入社会交往与互动最微观的层面，去关注一个短暂的话轮、一次话轮转换之间的瞬时停顿、一个轻微的音调上扬、一个暗藏的言语行为，等等。设想一个鱼缸，普通人看到的是鱼、草、石、水，而手持显微镜的生态学家却可以（且需要）看到一个完整而丰富的微观世界。课堂互动研究需要这样的显微镜，需要这样的"观看"。

---

① 正如我们不大可能看到这样一则新闻："今天上午，A 与 B 在 X 地进行了会谈，在会谈的 50 分钟内，A 一共说了 217 句话，B 一共说了 265 句话，这是一次卓有成效的会面。"

第二章

课堂话语的结构功能分析

对于学校教育本质的讨论依赖于一些概念，例如学生生涯、学校成就、教师质量等。这些各种各样的"教育事实"是在教师、父母、学生及其他人的互动中建构的——他们在日常情境中为了具体实践的互动。因为"教育事实"是在互动中建构出来的，所以我们需要在教育情境中——无论在学校之内还是之外——研究互动，从而理解学校教育的本质。

——休·米恩（Hugh Mehan）（1979:5–6）

第一节　变革中的合作 [①]

　　1960 年，康纳狄格州港口城市布里奇波特的公共图书馆里，34 岁的考特妮·卡兹登正在阅读心理学家杰罗姆·布鲁纳的新书《教育过程》（*The Process of Education*）。在这本书里，布鲁纳系统论述了语言与思维、语言与儿童发展、语言与教育的关系。这些在当时极具革新性的观点让卡兹登兴奋不已。卡兹登是康纳狄格州一所普通公立小学的语文教师。她的班上有许多波多黎各移民的孩子，这些工人阶级家庭出身的孩子正在努力学习英文读写。学校里的教师同事们都非常努力，常常在办公室工作至深夜才回家。然而，从这所学校毕业的孩子未来却似乎并不光明。到了高中之后，他们的成绩都远远落后于平均水平，还有很多孩子在高中之前就辍学了，无法得到进一步受教育的机会。这是为什么呢？卡兹登和她的同事们非常苦恼。布鲁纳的新书让卡兹登看到了希望——通过语言教育来改变学生的思维和发展轨迹，从而改变他们的命运。只是在当时，她还不知道，一年之后她将回到哈佛大学——她阔别十五年的母校——跟随布鲁纳本人研究儿童语言发展。

---

① 本节的写作参考了以下资料：Cazden, 1979; Cazden, 1988; Cazden, 2001; Mehan & Wood, 1975; Mehan & Cazden, 2015; van der deen, 2016; SRCD, 2004; Tadic & Yu, 2015。

1926 年，卡兹登出生于伊利诺伊州芝加哥市的一个上层中产阶级白人家庭。几乎每年冬天，卡兹登的父亲都会带着全家人一起去密西西比的一个棉花种植园过冬，那儿是幼年的卡兹登唯一有机会接触到"有色人种"的地方。13 岁时，卡兹登离开父母，去缅因州和她的姑姑一起生活。在那儿，她所就读的私立学校里有一个犹太裔的女生。当所有人都参加课外的舞蹈俱乐部时，那位女生从来没有得到过邀请。这是为什么呢？当时的卡兹登并不知道原因，但这个细节却一直刻在她的记忆里。1942 年，16 岁的卡兹登来到马萨诸塞州波士顿市的剑桥镇，在当时著名的女子文理学院——拉德克利夫学院——开始了大学生活，修读小学教育专业。1946 年大学毕业后，她先是做了几年的小学教师，然后随丈夫的工作调动回到了家乡，在伊利诺伊州大学拿到小学教育的硕士学位。1953 年，他们又回到了新英格兰地区，在康纳狄格州安家，卡兹登继续在小学教书。

八年过去了。1961 年，卡兹登回到了波士顿，在哈佛大学教育学院攻读博士学位。当时的波士顿风云际会，英雄辈出，社会科学的两个重大范式转变正在此处交汇。在心理学领域，叱咤了半个世纪的行为主义正在衰落，随着计算机和信息科学的诞生，认知主义正在重新崛起。1960 年，杰罗姆·布鲁纳和乔治·米勒等心理学家创建了哈佛认知研究中心（Harvard Center for Cognitive Studies）。在语言学领域，麻省理工学院的语言学家诺姆·乔姆斯基在 1957 年出版了《句法结构》，这部著作让语言学也关注到心灵、信息、结构等概念的理论价值。除此之外，罗杰·布朗（Roger Brown）、约翰·卡罗尔（John Carroll）、罗伯特·安德森（Robert Anderson）等赫赫有名的学者也在各自的学术壮年。在麻省剑桥镇的查尔斯河畔，这些学者共同推动了社会科学的"认知革命"。在进入哈佛大学教育学院的第一个学期，卡兹登修读了"语言心理学"这门课程。在哈佛纪念堂地下室的心理学图书馆，卡兹登大量地阅读这些学者的新著。这间图书馆的旁边就是行为主义心理学家斯金纳的实验室。这个以进行过各种新奇的动物实验、产出过很多行为主义经典理论而闻名世界的地方，在六十年代却渐渐失去了光采。而在地下室之上，范式变革之声正在轰鸣。

当卡兹登在 1960 年康纳狄格公立图书馆里阅读布鲁纳的时候，19岁的休·米恩正在离她东北面三百英里的纽约州荷巴特学院（Hobart College）攻读心理学本科。1941 年——即卡兹登读大学的前一年——米恩出生于纽约州的一个工人阶级家庭。他对心理学的兴趣源自高中的一门文学课，这门课让学生在文学作品里探索人格、心理异常等问题，这引发了米恩对心理学的好奇。然而直到进了大学，他才发现当时的心理学教材里都是行为主义的理论，而他们接触到的实验就是日复一日地观察老鼠。米恩决定选修第二专业。在上午开课的人类学和下午开课的社会学之间，习惯晚起的他选择了社会学。本科毕业后，他又在加州的圣何塞州立学院（San Jose State College）继续深造，并于 1966 年拿到了社会学的硕士学位，又于 1971 年在圣塔芭芭拉加州大学拿到了社会学的博士学位。在社会学领域，和卡兹登一样，米恩也幸运地置身于两个影响深远的变革之中。第一，就在 1959 年，社会学家 C·赖特·米尔斯出版了《社会学的想象力》，这本著作号召社会学走出书斋，直面社会问题，承担公共责任。这一理念不但影响了美国社会学的走向，也贯穿了米恩的整个职业生涯。第二，六十年代中期正是常人方法学诞生之际。在圣塔芭芭拉加州大学，米恩跟随的导师亚伦·奇库雷尔（Aaron Cicourel）正是戈夫曼和加芬克尔的高徒。就这样，米恩也较早地接触到了常人方法学的思想，并将其和符号互动论联系起来。经由常人方法学，他开始关注到日常生活中的微观互动。米恩的第一本书——1975 年出版的《常人方法学的现实》（*Reality of Enthnomethodology*）——充分体现了这一取径对他的影响。

在卡兹登和米恩各自的个人成长经历之外，在心理学、语言学和社会学的范式转型之外，甚至在整个象牙塔之外，还有一层更加壮阔的时代背景，那就是美国二十六十年代风起云涌的社会变革。在这一极其复杂的变革图景之中，我们有必要聚焦到教育领域的一个重要相关事件，那就是"开端计划"（Head Start Project）。1964 年，被称为"教育总统"的美国总统约翰逊宣布发起"反贫困战争"。次年，美国联邦政府正式实施"开端计划"。这一计划向低收入家庭和少数族裔家庭的儿童提供早期教育机会，希望借此促进弱势群体的发展，弥合社会不平等的鸿沟。1965 年秋季，"开端计划"的研究部主任、心理学家埃德蒙·戈登（Edmund Gordon）召集当时知名的心理学家、人类学家和语言学家开了一个小型研讨会，讨论"开端计划"的实施方案。因为一篇当时在学术圈内广泛传阅的述评文章，刚刚获得博士学位的卡兹登也受邀参加了这一会议，并第一次见到了沟通民族志创始人之一的海姆斯。在会议上，学者们达成了共识，语言是儿童早期教育的核心部分，而良好的语言教育可以极大地促进少数族裔（母语通常是非英语）儿童的发展，让他们获得更多的教育机会，拥有更光明的未来。正是在"反贫困战争"和"开端计划"的背景下，关于非裔美国英语究竟是一种"差异"还是一种"缺陷"的问题，引发了社会科学界广泛而持续的争论。语言、教育和社会公正这三个关键词，在六十年代的美国学术话语和公共话语里被紧密地联结在一起。对于当时刚刚在学界崭露头角的卡兹登和仍在象牙塔里求学的米恩来说，这三个词也烙在了他们全部的职业生涯里。

而 1968 年的伯克利加州大学不但是当时美国社会运动的前沿阵地，也是两位主角第一次相遇的地方。这一年的夏天，该校举办了一个跨学科的暑期研讨班，名为"语言、社会与儿童"（Language, Society, and the Child）。当时已经在哈佛大学教育学院任教的卡兹登和仍然在圣塔芭芭拉加州大学读博的米恩都参加了这一研讨班，并结识为友。卡兹登被米恩所描绘的常人方法学深深地吸引住了——在被帕森斯所笼罩的、崇尚结构与宏大理论的哈佛大学，卡兹登对常人方法学的思维方式闻所未闻。1971 年，米恩博士毕业。在印第安纳大学短暂地做了一段时间的助理教授后，米恩回到了加州，在圣迭戈加州大学谋得了一份教职，并担任了教师教育项目的主任。同年，卡兹登在哈佛大学拿到了终身教职。他们始终保持着联络。不久之后，卡兹登决定暂时离开哈佛，重返小学，在真实的课堂情境里寻找研究问题与灵感。她立即想到了米恩，认为他是一个理想的合作者。1974 年，这个想法终于变成了现实：卡兹登来到了圣迭戈，并在米恩的引荐下，成为了当地一所小学的任课教师。

在 1974—1975 的整个学年，卡兹登和另一位教师一起开展日常的课堂教学工作，而米恩和他的两位研究生助手则用摄像机记录下全部的教学过程。每周有一个晚上，五人聚在一起，观看这些课堂录像，一起讨论里面值得注意的问题。虽然卡兹登本人曾谦虚地提及，由于她当时过度专注于繁重的教学任务，而忽略了米恩的分析（Cazden, 1979），但从后来出现的行动研究、参与式研究的范式回过头来想象，卡兹登为米恩的分析提供了不可或缺的"局内人"视角。1979年，米恩的第二本书出版，这部题为《学习课堂：课堂中的社会组织》（*Learning Lessons: Social Organization in the Classroom*）的著作基于对卡兹登的课堂所做的细致分析，开创性地将常人方法学运用于对课堂互动的分析，首次提出了相关主题单元（topically related set）、启发序列（elicitation sequences）、组成性民族志（constitutive ethnography）等概念。最重要的是，这本书第一次系统地描述与分析了一种稳定的课堂话语结构——"引发—回应—评价"（I-R-E）结构，开了课堂话语的结构功能分析之先河。九年后，卡兹登的著作《课堂话语：教与学的语言》出版（Cazden, 1988）。这本书在米恩研究的基础上，引入了情境、学习、文化差异等新的研究主题，极大地拓展了对课堂话语结构的讨论。2001年，卡兹登对此书进行了修订，发行了第二版。与此同时，《学习课堂》也多次重印，被引超过5000次。直至今日，米恩和卡兹登的这两部著作依然是课堂话语研究领域的扛鼎之作。

几十年过去了，"话语"已经成为了社会科学各个领域的核心议题之一。在教育界，课堂话语更是毋庸置疑的研究焦点，对其开展的研究足以形成一幅错综复杂的脉络图。然而，米恩和卡兹登在圣迭戈的合作依然是学术界津津乐道的经典往事。2013年，在米恩的《学习课堂：课堂中的社会组织》出版三十四周年之际，美国教育研究年会举办了一场特别的纪念研讨会。会上，除了米恩和卡兹登这两位开创性的学者之外，受邀做主题发言的嘉宾还有克拉克大学教授萨拉·迈克尔斯[①]、波士顿大学教授玛丽·凯瑟琳·奥康纳[②]、布兰迪斯大学教授苏珊·琼·迈耶（Susan Jean Mayer）[③]。他们回顾了课堂话语三十余年的研究历程，细数其间重要的研究发现，并展望了未来的研究趋势。2015年，美国教育研究协会集五十余位课堂互动研究名家之力，编辑出版了《智识的社会化——经由学术言谈与对话之途》一书，其中开篇的"序言"部分便邀米恩和卡兹登二人写就。虽然课堂互动研究已经远远不止是 I-R-E 这么"简单"，但由这两位所开创的结构功能分析取径依然有着巨大的生命力。本章的第二节和第三节将介绍米恩和卡兹登的原创性研究，而第四节和第五节将介绍迈克尔斯、奥康纳及其他学者对课堂话语结构与功能研究的贡献。

---

① 1982 年从伯克利加州大学博士毕业后，迈克尔斯来到哈佛大学教育学院，从事博士后研究，而她的合作者正是卡兹登。

② 奥康纳 1987 年毕业于伯克利加州大学语言学系。

③ 迈耶 2006 年毕业于哈佛大学，奥康纳是她的博士论文委员会成员。

第二节　I-R-E：课堂话语的基本结构

在米恩的研究里——乃至整个课堂互动研究里——最广为人知的成果或许就是"I-R-E"结构，即"引发（initiate）—回应（respond）—评价（evaluate）"的结构。这一结构看似简单，但若要充分理解其内涵，还要从整个课堂的结构说起。

通过系统地编码，米恩发现，卡兹登的课堂一般由三个版块组成：开场、教学、收尾。在开场版块，师生往往会互相问候，教师会陈述这节课的主要内容，然后做一些简单的课堂管理（如"全体坐好，翻到第六页"）。教学版块是整堂课的主体，所有的学科教学内容都在这个部分完成。在收尾部分，师生往往会一起回顾此节课的内容，并对下一节课做出安排（包括布置作业等）。米恩发现，这三个版块都是由教师主导的，即教师决定何时开始上课，何时开始正式教学，何时进行习题操练，何时做出回顾总结，等等。

同时，米恩发现，在这些不同的版块里，教师主导的话语可以分为不同的类型。在开场和收尾版块，教师的话语一般是指令型或信息型的，即作出某种行为上的指令（如"坐好"或"别说话"），或者传递某种信息（如"今天我们学习白居易的《琵琶行》"或"明天的课改到下午三点"）。而在教学版块，教师的话语往往是引导型的。其中，根据被引导的内容不同，又可以分为四种类型：选择引导型，即教师引导学生做出"是"或"否"的回应；事实引导型，即教师引导学生列举某个事实（如某个数字、某种颜色等）；思维引导型，即教师引导学生说出某个观点或作出某种解释；元思维引导型，即教师引导学生对他们的思维过程（即第三种引导的回应）作出描述或解释。面对教师的不同类型的主导话语，学生也有相应的不同回答。重要的是，这些师生之间的话语通常是一一对应的，很少出现"牛头不对马嘴"的情况。两者的对应关系如表所示：

表 2-1

	教师	学生
类型	指令	服从
举例	"把书翻到第六页。"	（翻书）
类型	信息	认可
举例	"今天我们讲电磁感应的第二节。"	（沉默）/"好的。"
类型	选择引导	做出选择
举例	"水位会上升还是下降？"	"下降。"
类型	事实引导	陈述事实
举例	"那么氧气会和什么发生反应？"	"镁。"
类型	思维引导	描述思维过程
举例	"你是怎么想的？"	"我觉得作者在这一段表达了一种对母亲的思念。"
类型	元思维引导	描述元思维过程

举例	"噢？你为什么会这么觉得呢？"	"因为作者在这一段三次提到了母亲，而且用到了'唉'这种表示叹息的词。"

值得注意的是，这种对应关系并不是"云对雨，雪对风"的机械对应，而是常人方法学意义上的序列组织关系。也就是说，我们无法脱离学生的"服从"来定义教师的"指令"，也无法脱离教师的"事实引导"来定义学生的"陈述事实"，等等。任何具体的言语都只能在"前言后语"的组织关系中得到理解。

基于这种常人方法学的理解，米恩发现，满足师生双方期待的引发与回应会形成一种互动的平衡，他称之为"对称"（symmetry），而这种对称导向第三个话轮，即教师的评价。这样一来，师生对话就呈现出一种三段式的结构，如下表所示。这个三段式便是 I-R-E 结构。粗略地看，卡兹登的整个课堂就是由许多个 I-R-E 结构所组成的——无论是在开场、教学还是收尾版块，课堂都是由这一结构所推进的。

表 2-2

引发	回应	评价
教师：氧气会和什么发生反应？		
	学生：镁。	
		教师：嗯，对了。

另一方面，如果 I-R 没有满足对话双方的期待，亦即没有形成"对称"，则对话的序列组织会被延展，教师会开始新一轮的引发，导向学

生新的回应。这一结构不断循环往复，直至"对称"形成。在这种情况下，课堂话语则呈现出 I-R-I-R-……-R-E 的结构，如下表所示。

表 2-3

引发	回应	评价
01 教师：氧气会和什么发生反应？		
	02 学生：呃，应该是……	
03 教师：在这个方程式里，除了氧气，你还能看到什么？		
	04 学生：还能看到 mg……	
05 教师：Mg 是什么？这个元素是什么？		
	06 学生：镁。	
		07 教师：嗯，对了。

　　米恩 1979 年出版的著作是课堂话语领域最早期的成果之一，具有开创性的意义——甚至可以说，这一成果堪比生物学上 DNA 结构的发现[①]。但是，米恩对课堂互动研究的影响远不止于指出了 I-R-E 这一基本结构。要深刻理解他的影响，我们还需要体会如下几个方法论上的关

---

① 不过，正如 DNA 结构的"发现"是许多科学家共同参与建构的结果，而不仅仅是剑桥大学的沃森和克里克二人之功一样，I-R-E 结构的发现也不是米恩和卡兹登的"意外收获"。事实上，在米恩的《学习课堂》出版之前，其他学者也发现了类似的结构（Bellack, Kliebard, Hyman, & Smith, 1966; Sinclair & Coulthard, 1975）。

键点。

第一，米恩是在常人方法学的意义上研究课堂话语结构的。也就是说，他关心的是结构所反映出来的社会秩序。卡兹登曾写道："课堂是人类环境中最拥挤的一种。"（Cazden, 2001:2）米恩的研究就是想在这样拥挤的无序之中寻找有序，这正是常人方法学的要义所在：研究"课堂"这个特定的情境中的人群（ethno-）是如何用某种方法论（methodology）实现社会互动的。因此，他把师生之间的话轮转换视作最基本的分析单位，如"引发 – 回应"。重要的是，这二者并不是独立的关系，而是存在一种"有条件的相关性"（Shegloff, 1968）。例如，A指令本身并不自动成为一个指令；只有在它激发了后续的、依从指令的B行为时，它才能成为一个指令。所以，A与B是否相关，就以B的实际内容为条件。这是常人方法学探讨社会互动的精髓，也是米恩研究课堂话语结构的原则。I与R并不必然相关，它们的相关性以R的内容为条件；I-R作为一个已经发生的序列组织整体，又"有条件地"与后续的E相关。只有在这个意义上，我们才能理解I-R-E的内涵。

第二，米恩是在沟通民族志的意义上分析话语结构的功能的。他不认同乔姆斯基式的、在语法的层面上探讨语言功能的方法，而遵循冈佩尔茨和海姆斯的取径，在课堂互动的具体情境中，从沟通目标的设置与达成的角度出发分析话语的功能。他举了两个例子来说明这一点：当教师对学生说"门还是开的"，这句话在语法上是一个陈述句，但在课堂的特定情境中，这完全可以间接地实现指令的功能，即"你去把门关上"；当教师对学生说"我们是不坐在桌子上的"，这句话在语法上只是传达了一个信息，但它同样可以是一个间接的指令，即"你不能坐在桌子上"（Mehan, 1979:41-42）。正是基于这一考虑，米恩用"引发 – 回应"来指称教师与学生的第一轮对话，而不是"问题 – 回答"。"问题"是一个语法上的概念：只要有疑问词，又以问号结尾，就是一个问题。但在课堂上，回答并非一定要由问题来引发——教师的一个停顿，一个眼神，一个敲黑板的动作，都可以实现"提问"的功能，都可以引发学生的回应。

第三，在米恩的研究中，课堂话语是作为生态系统出现的。虽然卡兹登课堂上的大部分话语都是由教师主导的，但米恩并不认为学生是被动的。他首先指出，聆听也是一种主动的行为（Mehan, 1979:40）。正如此前所说，倘若没有学生的主动聆听，教师的引发就不能称其为引发，而不过是在发出某种声音罢了。其次，回应也是一种主动的行为；事实上，倘若把回应也视为一种引发，我们完全可以认为，是学生主导了教师的评价。换言之，是学生在主动地生产不同的回应，引导教师的进一步反馈。这一观点也受到常人方法学、互动社会语言学等取径的影响。在这些取径看来，即使是"一言堂"，抑或"满堂灌"，也是一种社会互动："一言堂"的言者、"满堂灌"的灌者也在积极地处理信息——即听者的反应（如体态、眼神，甚至鼻息）——并相应地作出调整（如提高音量、转移视线、改变身体位置等）。

第三节 I–R–F：从识记到理解

随着米恩和卡兹登的开创性研究，课堂话语的研究者在各种文化的课堂里都发现了 I-R-E 结构的普遍存在。然而，即使将课堂话语视为一个生态系统，将学生的回应乃至非言语的反应统统视为某种主动的行为，我们还是无法否认，I-R-E 并不是最理想的课堂话语结构。原因是，在 I-R-E 的结构里，教师与学生的话语是失衡的：教师拥有开始对话的权力（I），也拥有结束对话的权力（E），更不用说评价的权力了。因此，I-R-E 的结构遭致了很多批评。研究者希望找到其他更符合民主型课堂的新结构。其中，有一类研究把重心放在了改变 I，另一类研究把重心放在了改变 E。本节将论述前者，下一节将论述后者。

在常规的课堂上，绝大多数 I-R-E 结构中的 I 都是一个指向已知答案的问题[①]。也就是说，教师预设了一个"正确答案"，然后引发学生的回应；学生的回应如果与正确答案相符合，则给出正面评价，反之则给出负面评价。米恩和卡兹登认为，这是由课堂的"教育"属性所决定

---

① 卡兹登将这种问题命名为"显示"（display）问题（Cazden，2001:46）。意思是，这样提问的用意在于将某个已经存在的固有答案"显示"出来。

的^①。然而，当 I 不是一个指向已知答案的问题，而是一个"寻找未知信息"的问题时，话语结构就会发生极大的改变，如以下对话：

表 2-4

引发	回应	评价
01 教师：小红，你和大家说说，你周末都干嘛啦?		
	02 小红：我和爸爸妈妈出去郊游啦!	
03 教师：噢? 去哪儿啦?		
	04 小红：去植物园啦。	
		05 教师：那么远呀!
06 教师：那你都看到什么好玩的植物了吗?		
	07 小红：嗯! 有一种花，花瓣特别特别大，圆圆的像个球，我记得它叫猪笼草，可吓人了。	
		08 教师：那可真特别。
	09 小红：也不能算特别，他们说这种植物在我们这儿其实特别多，只是我们很少注意罢了。	
		10 教师：噢，原来如此。

---

① 譬如说，我们很难想象在大街上发生这样的对话：

　　甲：你好，能麻烦您看看现在几点了吗?

　　乙：(看了看手腕上的表) 四点二十了。

　　甲：嗯，你说得很对。

卡兹登指出，一旦提出指向未知信息的问题，教师就没有那么可预见对话的走向了，I-R-E 的结构也会失去平衡（Cazden, 2001），正如上述对话所展现的那样。教师并不知道小红周末做了什么，这并非明知故问。因此，教师的两次评价（05，08，10）都不是传统意义上的"对"或"错"的评价，而仅仅是另一种回应。或者说，它们的功能不再是对学生的回应作出评价了，而是对学生回应的某种认可、承认或呼应。更重要的是，由于教师并不知道"正确答案"是什么，且其第三个话轮失去了评价的功能，所以学生可以对教师的话语进行评价了，正如小红在最后一个话轮里对教师此前的话做出了负面的评价（09），她的这一评价又反过来得到了教师的承认（10）。正因如此，时任加拿大安大略教育研究所教授的戈登·韦尔斯（Gordon Wells）指出，I-R-E 的名称限制了我们对师生对话的理解，可能会引发误解，应该改为 I-R-F，其中 F 代表 follow-up 或者 feedback，即跟进或反馈（Wells, 1993）。卡兹登在2001 年出版的《课堂话语》第二版中，接受了这个说法，认为"反馈"更能代表教师的第二次话轮在这个三段式的话语结构中的作用。

在《课堂话语》一书中，卡兹登专门论述了一类"非传统课堂"。在这类课堂上，因为教学的目标不再是识记知识，而是理解、应用、建构、问题解决等高阶的认知过程，所以 I-R-F 的简单结构也不再适用了。卡兹登借用其他研究者的案例，展现与分析了三种新的话语结构（2001:49-56）：

认可学生的不同答案，并要求他们提供理由来比较各自的答案；

理解学生对问题的理解；

面对"赞赏学生自己的逻辑"与"教授传统知识"之间的两难困境。

在这些话语结构中，教师不再急于评价学生的回应，甚至不再急于做出任何有实质意义的反馈，而仅仅用"嗯哼"之类的语气词来推进对话，而学生则拥有了更多的话轮机会，深入地思考某个问题，并精细地组织语言，全面地呈现他们的思维过程。2009 年，布兰迪斯大学语言学家迈耶认为，I-R-F 也不能准确地反映这一类课堂对话语的复杂要求，因此，她创造了"架构 – 发展 – 评价"（framing-developing-evaluating, F-D-E）的新提法，强调学生是在教师的话语架构与调度下，自主地发展对某个话题的高阶认知的。这个新的提法也得到了米恩和卡兹登本人的认可（Cazden & Mehan, 2013）。

值得再一次强调的是，我们必须（且仅能）在常人方法学的意义上理解某一句言语的属性。例如，没有任何问题天然是一个指向已知答案的问题，也没有任何问题天然是一个指向未知的问题。对问题属性的判断——甚至对某句话是否是个问题的判断——都必须在话轮转换的序列组织以及互动的整体情境中才能进行。例如下列对话：

表 2–5

引发	回应	反馈
01 教师：小红，你和大家说说，你周末都干嘛啦？		

引发	回应	反馈
	02 小红：没干什么，就写了作业，还有吃饭睡觉。	
03 教师：真的吗？		
	04 小红：嗯。	
		05 教师：你妈妈可不是这么说的噢。

　　比较表 2-4 和表 2-5，虽然教师的两个问题在字面上是一模一样的，但是从小红的回应可以看出，第一个问题是指向未知信息的问题，而第二个问题是一个指向已知答案的问题——教师和小红的妈妈已经有过联系，而课堂上的这一提问并非真的想知道小红周末干了什么，而是间接地引向批评。

第四节　回音：把参与课堂的权利还给学生

如果说卡兹登和韦尔斯的上述研究旨在改变 I-R-E 中的 I，那么另一支极具影响力的研究就是旨在改变这一结构中的 E。1981-1982 年，刚刚从伯克利加州大学获得博士学位的语言学家迈克尔斯来到哈佛大学，成为了卡兹登的研究助理。她们开始着手一项由斯宾塞基金会资助的新课题，研究波士顿地区小学课堂里的"分享时刻"与儿童的语言发展[①]（Cazden & Michaels, 1987; Cazden, Michaels, & Tabors, 1985; Michaels & Cazden, 1986）。几年后，她又遇到了职业生涯最重要的合作者、同为伯克利加州大学语言学博士的奥康纳。和卡兹登一样，迈克尔斯和奥康纳受到冈佩尔茨和海姆斯的极大影响。她们的研究都遵循海姆斯"对一个社区的沟通行为做民族志分析"的训诫（Hymes, 1974:9），并且非常关注不同文化社区的人们所使用语言的多样性（Gumperz, 1982）。在这些取径的指引下，她们对美国东北地区的许多不同阶层和文化的学校课堂做了深入的田野研究，关注课堂上的话语结构与儿童的语言发展。

---

① 迈克尔斯的博士论文所关注的也是"分享时刻"和儿童语言发展的关系问题（Michaels, 1981）。

迈克尔斯和奥康纳最有影响力的研究是关于"回音"（revoicing）这一课堂话语结构。我们先来看一个例子，它发生在美国的一个小学中段年级[①]的科学课堂（Sandoval, Xiao, Redman, & Enyedy, 2015）。

表 2-6

01 小白:	有的海报显示手的这一面，有的海报显示手的那一面，所以我们没有办法确定到底数出来的是哪一面的数字。
02 教师:	所以你不同意小红的观点，你不觉得我们可以光凭数海报上的数字来决定人的手上有多少块骨头。

教师的这句话就属于"回音"。回音的标志是"所以"这个连接词，它标记着一个"有根据的推断"（Bolden, 2009; Schiffrin, 1987）。也就是说，"你不同意小红的观点"和"你不觉得我们可以光凭数海报上的数字来决定人的手上有多少块骨头"并不是小白自己直接表述出来的观点，而是教师根据小白的观点所作出的推断。按照迈克尔斯和奥康纳的观点，这句回音有如下三个功能。

第一，它创造了一种新的参与结构。在 I-R-E 结构中，学生在作出回应之后就失去了再次发言的机会。而在教师的回音之后，小白还有一次发言的机会，而且还是一次评价的机会——他可以证实教师的推断是正确的（如"是的，我确实不同意小红的观点"）或是错误的（如"不，我并不是不同意小红的观点"）。这样一来，教师就把 E 还给了学生，这次对话也就变成了 I-R-Rv-E 的结构[②]。在这个新结构中，教师和学生

---

① 这所学校是混合年级编班的，中段指的是三年级与四年级。
② 此处的"Rv"代表 Revoicing。

的话语权力得到了平衡。

第二，它将参与课堂互动的学生置于对立面上，从而激发进一步的课堂互动。小白自己并没有表示反对小红的观点；作为先前发言的一方，小红自然更不会表达反对小白观点的意思。但是，教师通过回音的话语（"所以你不同意小红的观点"），创造了一个虚拟的争论空间，并把小红和小白置于对立面上。这样一来，教师就有了很大的空间，对后续的课堂互动进行调度。例如，教师可以请小白向小红阐释自己的观点："小白，你能不能向小红解释为什么光凭海报是不够的呢？"教师也可以问小红："那么你同不同意小白的观点？"在这样的调度下，原本不会有直接互动的两位学生就有了对话的空间。

第三，它将全班学生重新置回到学习任务之中。在全班讨论的情境中，虽然在理论上说，每一个言者都是面向全班发言，和全班互动，但从现实来看，实际参与到讨论当中的学生可能只有发言的寥寥数人。更多的听众即便集中注意力，也很可能在七嘴八舌的讨论中——打个比方来说——错过重要的"剧情"，从而渐渐跟不上讨论的进度，对讨论的整体"情节"失去理解。教师回音的后半句（"你不觉得我们可以光凭数海报上的数字来决定人的手上有多少块骨头"）是在对小白的观点进行重新表述，同时也是在为这场对话重新"聚焦"。当讨论进行到小白发言这个时刻时，不同意见的焦点在于光凭海报是否能数出精确的骨头数目。因此，教师的这句回音是在为其他的听众播报"前情提要"，以便他们跟上进度，参与到讨论中来。

以下的例子改编自奥康纳和迈克尔斯的案例（O'Connor & Michaels, 1993），它展示了回音的另一个重要功能。在这个例子所呈现的小学数学课堂情境里，教师让学生在便签纸上自由设计旅行路线，也就是起点和终点（如"石家庄—马鞍山"、"银川—武汉"等）。在小组讨论过后，教师把便签纸都收上来，一共有 87 条不同路线。教师把这些便签纸都贴在白板上。接下来，教师用全班讨论的方式，让学生猜测最受欢迎的——也就是出现频率最高的——站点是哪个城市。学生做出了种种猜测之后，教师引导他们对猜测的方法进行反思，如下表所示：

表 2-7（改编自 O'Connor & Michaels, 1993:327）

引发	回应	回音	评价
01 教师：所以……当你猜的时候，你是怎么做的？你就是瞎猜吗？有没有依据什么信息？（停顿 4-5 秒）小红，你是怎么猜的？			
	02 小红：我的路线起点就是广州，因为……我觉得广州很好，（学生笑）我去过几次，我挺喜欢那里。		
		03 教师：所以你是依据个人经验来选择的，因为你喜欢广州……	
04 教师：那如果广州那么好的话，为什么其他人没选那里呢？小白？			

引发	回应	回音	评价
	05 小白：我猜的也是广州，因为……很多人就是喜欢坐很长时间的火车，也不为什么，所以我觉得应该是广州……		
		06 教师：所以你是根据你对人类行为的了解做出的猜测？（学生笑）	
	07 小白：呃……是的。		
08 教师：嗯，小灰？			
	09 小灰：我选了广州是因为……我看了白板上的这些便签纸，我就大致这么看了一下，好像有一大半都写了广州。		
		10 教师：所以你是统计白板上的这些便签纸来猜的？	
	11 小灰：嗯，对。		

　　在这个对话里，教师连续的回音除了创造 I-R-Rv-E 的新结构，从而将评价的权力部分地还给了学生之外，还有一个新的功能：通过每一次回音，教师都重新表述了此前学生所回应的观点，从而调整了讨论的

方向。具体来说，当小红认为"我觉得广州很好"所以猜了广州，教师回音说"所以你是依据个人经验来选择的"，前者是一种日常语言，而后者是一种学术语言。教师用学术语言重新表述了小红的回应。同样，她把小白的"很多人就是喜欢坐很长时间的火车"重新表述为"根据你对人类行为的了解"，把小灰的"我看了白板上的这些便签纸……好像有一大半都写了广州"重新表述为"统计白板上的这些便签纸"，这都是将日常语言转换为学术语言。学生看似杂乱无章的回应，就被教师调整成了并列的三种猜测方法：根据个人经验、根据对人类行为的理解、根据统计数据。这样一来，教师就为随后的讨论塑造了新的方向。例如，她可以让其他学生三选一地"站队"，从而激发争论。更重要的是，通过把评价的权力回音给学生，她让学生获得了这些更学术化的回应的"所有权"。例如，小白本人并没有"根据对人类行为的理解"作出判断，但当教师将他的回应重新表述如此，并通过"所以……?"的方式回音给他的时候，他可以通过"呃，是的"（10）获得对这个回应的所有权。这样一来，虽然学生的回应并不那么"好"，教师可以通过回音的方式让他拥有一个"好"的回应，从而提高他的自信心，鼓励他继续参与到课堂讨论中来。

第五节 "负责的言谈"：指向深度参与的话语重构

相较 I-R-E 结构，"回音"的话语结构呈现出一个更加民主的课堂形态。21 世纪以来，让全体学生更深入地参与到课堂中来，以积极、建构、民主的方式学习，是全世界学校教育发展的趋势。顺应这一趋势，课堂互动的研究者也在积极地探索。近年来，较有影响力的话语结构是由迈克尔斯、奥康纳和劳伦·雷斯尼克（Lauren B. Resnick）提出的"负责的言谈"。

这一结构的核心概念是"负责"（accountable）。迈克尔斯、奥康纳和劳伦·雷斯尼克阐述了这一概念的三个层面：

- 对学习共同体负责的言谈。这一类言谈有助于形成和维系一个良好的学习共同体，如用心地倾听他人的发言、在他人观点的基础上形成自己的想法、通过互相追问澄清彼此的观点，等等。
- 对思维规则负责的言谈。这一类言谈强调思维的逻辑性、连贯性、一致性等规则，例如对观点做出详细的解释、对自己的观点提供充足的理由、厘清各个观点之间的逻辑联系，等等。

● 对知识负责的言谈。这一类言谈强调的是事实的准确性[1]。为了让言谈建立在准确的事实上，参与者必须尽最大限度地确保自己的观点所依据的信息是公开且可靠的。并且，"当言谈所依据的信息里包含学生还未掌握的新知识时，这种对知识负责的言谈就能发掘出学生的错误理解或错误概念"。（Michaels, O'Connor, & Resnick, 2008:289）

迈克尔斯、奥康纳和劳伦·雷斯尼克用了三个不同的案例来呈现这三个层面。我在本节呈现其中一个[2]，并依据这一案例来讨论这三个层面的相互联系。这个案例发生在小学三年级的数学课堂，教师给了学生一组数字，让全班讨论这些数字是奇数还是偶数；在前一节课上，他们讨论过判断的方法，已经达成了共识：如果一个数能被 2 整除，那么它就是偶数。在如下的讨论中，教师正在帮助小白思考 24 是不是偶数。

表 2-8（改编自 Chapin, O'Connor, & Anderson, 2003；转引自 Michaels, O'Connor, & Resnick, 2008:289-291）

01 教师：	所以……小白，24 是奇数还是偶数？你是怎么想的？
02 小白：	呃，如果我们用 3 去除，是可以除尽的，但是 3 是奇数。所以如果它是……但是……3 是偶数……我的意思是奇数。所以如果它是奇数，那么它就不是偶数。
03 教师：	好的，我看看我是不是理解了，所以你是说 24 是一个奇数？

---

[1] 当然，"事实"这一概念在不同的学科里有不同的含义与标准。在历史学科，"事实"或许意味着某个事件在历史上真实发生过。在科学学科，"事实"一词或许带有更多的临时性，是目前被科学界所一致认可的理论。因此，在"负责的言谈"里，不同学科的课堂对"负责"必然有不同的界定。

[2] 为了论述方便，我把参与者的名字都换成了中文，在部分词句上也有略微的改动。

04 小白：	对，因为它能被 3 整除，因为 24 除以 3 是 8。	
05 教师：	有没有任何人能用自己的语言复述一下小白刚才的观点？小红？	
06 小红：	呃，我应该可以。我觉得他是说 24 是奇数，因为它能被 3 整除，没有余数。	
07 教师：	小白，她说得对吗？你是这个意思吗？	
08 小白：	是的。	
09 教师：	小灰，你同不同意小白这个观点？	
10 小灰：	呃，我应该是……不同意？	
11 教师：	你能不能和我们说说你为什么不同意？你是怎么想的呢？	
12 小灰：	我觉得，因为我们昨天说过，偶数能被 2 整除。那我觉得，24 是能被 2 整除的，等于 12，所以……它不就应该是偶数吗？	
13 教师：	所以我们这儿现在有两种不同的说法了。小白，你的意思是 24 是奇数，因为它能被 3 整除，没有余数？	
14 小白：	是的。	
15 教师：	然后，小灰，你说它是偶数，因为它能被 2 整除，对吗？	
16 小灰：	对。	
17 教师：	好，那么其他人呢？有谁愿意说说自己的看法？你是同意小灰的观点，还是同意小白的？告诉我们你是怎么想的，或者补充你的看法。 （有一个学生举起了手。教师等待了 45 秒钟。逐渐又有 9 个学生举手，其中一个是小青，他平时很少发言。）	
18 教师：	小青，和我们说说你的想法吧。 （又过了 15 秒钟。）	
19 小青：	嗯，我同意小灰的观点，因为你只告诉过我们，要看一个数是不是偶数，就把它除以 2。24 可以被 3 整除，可以被 4 整除，也可以被 6 整除，都不会除出……呃，余数来。所以我觉得我们应该只用 2 来除。	

我们首先来看"对学习共同体负责的言谈"。在这段对话中，教师引导学生在倾听与理解他人观点的基础上发表自己的意见，例如她问全班"有没有任何人能用自己的语言复述一下小白刚才的观点"（05），又如她问小灰"同不同意小白这个观点"（09）。在这样的引导下，小红能够复述出小白的观点（06），小青也能够表述自己对之前观点的立场（19），讨论的进行一直是建立在此前观点的明确与共享之上的（13-16）。因此，讨论不是自说自话，而是面向全班；每个人的发言都对其他所有人负责，亦即对整个学习共同体负责。

第二，这段对话遵循着一套思维规则。小白的第一次发言——从成人的视角来看——虽然不够连贯，但是可以看出他在努力地解释自己的想法，并且将其组织到"如果……那么……但是……所以……"的逻辑结构中去。同样，小灰和小青的观点也都言之有据，建立在"因为……所以……"的逻辑中，具有很高的一致性。实现这一点，教师的话语调度起到了很重要的作用。尤其是，通过回音，教师将小白和小灰的观点置为对立面（13，15），从而让接下来发言的学生必须表明立场并为其提供理由（如小青的"我同意小灰的观点，因为……"，19）。

第三，这段对话的目的在于追求准确的事实，即24究竟是奇数还是偶数。教师完全可以在第二个话轮（即03）对小白的观点做出负面的评价，从而用 I-R-E 的结构"高效"地推进课堂教学。但是，这种效率的代价是学生失去了自主思维的机会。换言之，他们就只需要接受某一既定事实，而无须对知识的真实性、准确性、可靠性负责。相反，这个案例里的教师通过两次回音（03，05），将评价的权力和思维的空间重新还给了小白，以及更多的学生，从而使他们能够通过深入的思考，对知识负责。

　　值得指出的是，以上三个层面的"负责"并不是独立、互斥的关系，而是相互依存、密不可分的。如果对知识的准确性没有追求，那么基于规则的讨论就是无源之水；如果不建立思维的规则，那么知识再准确，也如同无本之木。更重要的是，如果没有对学习共同体负责的态度——例如，倘若学生无须认真倾听彼此的观点——那么对规则和知识负责就无从谈起。并且，迈克尔斯等人特别提醒研究者，在对课堂话语进行编码时，试图在某一句言谈和某一个层面的编码之间建立一对一的关系，是既不可能，也没有必要的。例如，当教师询问全班有没有任何人能复述小白的观点（05）时，这句话既指向学习共同体，又指向思维的规则，又指向知识本身——我们无法把它归为某一个（而不是其他）层面的话语里去。

结语

从二十世纪七八十年代的 I-R-E 结构，到九十年代的"回音"，再到二十一世纪初的"负责的言谈"，我们可以发现，课堂话语结构的研究呈现出至少三个层面上的发展趋势。

第一，组织课堂话语的目标从信息的识记转向更高阶的认知活动。I-R-E 结构的课堂话语所对应的是一种指向信息识记的教学。从二十世纪八十年代后期开始，尤其是到了本世纪，教育越来越关注学生的"学习"、关注学生所能从事的更高阶的认知活动，而将知识理解、技能应用、问题解决等活动视作教育的目标。在这种转向的背景下，研究者越来越关注那些更能激发高阶认知的话语结构。他们发现，这件事情说难也难，但其实也很简单——越给学生说话的空间，让他们在组织语言、参与对话的过程中学习，他们就越有进行高阶认知的机会。回音、"负责的言谈"等结构便是如此。

第二，话语结构越来越多样。从最初的 I-R-E，到 I-R-Rv-R-E，再到多面向的"负责的言谈"，研究者所探索的课堂话语逐渐从单纯的线性结构变为了复杂的网状结构，类型也越来越多样。这一方面是因为高阶的认知活动需要更复杂的话语结构，另一方面——或许更重要的一面——是由于互动社会语言学的影响。正是在冈佩尔茨与海姆斯等人的号召下（Hymes, 1964, 1974; Gumperz, 1982; Gumperz & Hymes, 1972），这些探索社会互动的学者对语言的多样性有极强的敏感。

第三，研究者的行动从记录转向变革。除了传统的人类学取径——对文化做细致的记录与描述——之外，课堂话语结构的研究者也开始逐渐地关注变革。这一取向自然与整个课堂互动研究在六十年代的平权运动背景中诞生相关，但也与研究者自身的不断反思与尝试相关。1998年，米恩在一篇述评文章中写到，对政治经济结构及其压迫的忽视是社会互动的研究所面临的一大挑战。他呼吁，我们应该反思那种力图客观中立、他者本位的传统民族志视角，而应当通过田野研究去"呈现参与者对某一活动或事件或有的多种不同视角，并描述其中的某些是如何占据主导地位的"（Mehan, 1998:261）。也就是说，社会互动的研究者应该和社会学家、政治学家一样，保有对权力运作的意识。2008年，米恩在《教育人类学季刊》上发表题为《投入社会学的想象力：我从事设计研究与公共社会学的历程》，详细地回顾与阐释了他"尝试创造与描述公正的教育环境，而不仅仅是记录教育不公正"的转向（Mehan, 2008:87）。

如今，全球都在面临愈加频繁与剧烈的教育变革。在信息时代的背景下，课堂出现了哪些新的结构？它们有哪些功能？相较美国的课堂，中国的课堂有无独特的话语结构？或者，有哪些相似乃至相同的话语结构，在中国课堂的情境中实现了不一样的功能？我们应如何研究中国课堂，讲述中国教育的故事？让我们重温卡兹登在为米恩的《学习课堂》所撰前言中的一段话：

至少就不远的将来而言，课堂研究会朝着更加普适性的方向发展，正如儿童语言研究所展现出的那样；这一发展倚赖的是对一个或少量的一些课堂所做的深入个案研究，逐渐积累研究成果。也正如儿童语言研究那样，首先在不同的课堂里寻找结构上的共同点，这一做法应该是有启发意义的。接下来，基于这些共同点，我们才能尝试着理解差异——它们在哪儿，它们对参与其中的儿童有怎样的影响。（Cazden, 1979:xii）

近四十年来，课堂互动研究便是这样做的（如 Alton-Lee, Nuthall, & Patrick, 1993; Ballenger, 1999; Cazden, 1983, 2002; Heath, 1983）。正是得益于这些研究者对不同文化、不同社会、不同情境的课堂所做的个案研究，得益于这些"微小发现"的点滴积累，我们现在才有可能对普遍范畴上的"课堂话语"、"课堂互动"是什么样子、有什么机制、有哪些影响略知一二。从这个意义上来说，中国的课堂互动研究才刚刚起步，而这一领域有赖于我们对中国课堂做深入的个案研究。

第三章

课堂互动的微观情境分析

面对面的社会互动就好像，当你在爬一棵树时，这棵树同时也在爬你。

——弗雷德里克·埃里克松（Frederick D. Erickson）（2004:110）

第一节　与"缺陷"视角抗争的一生 ①

1948 年 8 月，明尼苏达州炎热的一天，7 岁的小学生弗雷德里克·埃里克松坐在校长办公室里，努力朗诵着一篇一年级阅读课文《迪克与简》。在刚刚结束的一年级，埃里克松的阅读成绩排在全班末尾，几乎没有希望升入二年级。他的父母找到校长，希望能在开学前再争取一次机会。那一天，埃里克松在校长面前读完了这篇课文，顺利升入了二年级。当时，无论是他的父母、校长，还是埃里克松本人，或许都没有想到，在随后的七十年里，阅读将成为他日常生活的一部分，而写作则贯穿了他的职业生涯。

十三年后的又一个夏日的傍晚，芝加哥城西的北隆恩戴尔（North Lawndale）社区的基督教青年会（YMCA），20 岁的西北大学音乐系学生埃里克松在这儿参与一项志愿者活动：为当地的青少年开设免费的音乐课程。基督教青年会所在的小楼外面，是一派破败、脏乱的街景。二十世纪初，北隆恩戴尔社区是犹太人的贫民窟。五十年代以来，南方各州以及芝加哥本市南部的黑人大量涌入这个社区。六十年代之后，北

---

① 本节的写作参考了以下资料：Erickson, 2004, 2011, 2017。

隆恩戴尔社区 90% 以上的人口都是非裔美国人，而未变的是这个社区的贫困、失业与高犯罪率。1966 年，马丁·路德·金选择这里作为美国民权运动的北方大本营。而在 1961 年，也就是卡兹登进入哈佛大学教育学院的那一年，也是米恩在"淘金"的加州开始接触社会学的那一年，北隆恩戴尔社区仍然是一片萧条与死寂。

1961 年的一个傍晚，埃里克松正和西北大学的几位同学一道，一边为他们这周要教授的内容做准备，一边等待他们的学生。三四点钟，当地的学校开始放学，孩子们陆陆续续地来到了基督教青年会。埃里克松注意到，这些孩子大多耷拉着脑袋，拖着沉重的步子，两眼无神，闷闷不乐，有气无力。等到他们的课开始了二三十分钟后，这些孩子才慢慢地回过神来，就像重新呼吸到了氧气似的，恢复了活泼的神采。这一天如此，第二天又是如此，日复一日都是如此。究竟是怎么回事呢？在课余，埃里克松也经常听到学生类似这样的抱怨："那个人对待我就好像对待一个傻子一样，好像我什么都不知道似的。"谁是"那个人"？埃里克松渐渐明白过来，他们在说的就是学校里的人——校长、教师、其他工作人员。在学校里，这些学生确实成绩糟糕，处于辍学的边缘。然而，这些学生真的"傻"吗？埃里克松并不这么认为。在他自己的音乐课上，这些学生聪明、机灵，充满热情与活力。他们唯一看似"傻"的时候，恰恰是在刚刚从学校回来的那二三十分钟里。

本科毕业后，埃里克松又在西北大学继续攻读音乐史，并选修了一些人类学与民俗学的基础课程。拿到硕士学位之后，他向当地的一个基金会申请到了一项小型资助，在北隆恩戴尔社区继续从事音乐教育。拥有了更多自主权的埃里克松，决心将自己所学的专业知识运用到工作中来。他设计了一门新的课程，旨在追溯西非的音乐风格在美洲大陆的承续与变化。在这门名为"音乐中的非裔美国族群史"、由八个课时组成的课程里，雄心勃勃的埃里克松希望从西非的传统音乐形式和日常生活中的音乐之"用"讲起，历经加勒比海、美国南部种植园区、美国北部城市区域，一直寻到时下在芝加哥青少年群体中流行的"摩城音乐"（Motown Sound）中的非洲文化渊源。埃里克松为每一个课时都准备了丰富多彩的幻灯片、音频资料乃至乐器实物，意图从音乐史的角度让学生领略到非裔移民史的另一个侧面。

在一个周三的下午，芝加哥东加菲尔德公园一隅的社区中心里，这门课的第一节课如期开始。教室里的灯光暗了下去，幻灯片亮起，那是一张非洲大陆的轮廓图，音乐的旅程将从这里开始，一切都在按照埃里克松的设计进行。然而，还没等他开口说话，他就察觉到了现场的气氛不对：孩子们都低下了头，把身体蜷在椅子里，表情拘束而不自然。这节课在尴尬的气氛里结束了。第二周的周三，情况仍然如此，甚至更糟：孩子们互相骂着"乡巴佬"，没有人在听这些精心设计的授课内容。埃里克松这才意识到，这些孩子大多随着父母家人，刚刚从美国南部迁徙到芝加哥，"非洲"和"美国南部"这些在他眼里仅仅是地名的词汇，在这些孩子们的心里却恰恰代表着不光彩的身份印记，是他们小心掩盖着的烙印和讳莫如深的集体耻辱。这门课程所涉及到的音乐流派和人物，在埃里克松的眼里是绕不过的伟大经典，可这一切的"知识"，都在刺痛这些孩子的心。面对着讲台下垂头丧气、蜷作一团的孩子们，埃里克松这才意识到，有益的教育远非教师一人的精心设计就可以达成，而必须考虑到学生的经历、感受与视角。也正是这个课程的失败，让身为白人的埃里克松强烈地感觉到种族歧视在日常生活中的巨大压迫。

这样的顿悟让埃里克松产生了继续深造的想法。1966年，也就是米恩硕士毕业、转入圣塔芭芭拉加州大学攻读博士学位的那一年，埃里克松也回到了母校西北大学，在教育学院攻读博士学位。和卡兹登、米恩等人一样，埃里克松也被当时的种种学术思潮振奋不已。然而最令他震惊的，并不是常人方法学、沟通民族志、互动社会语言学之类的新取径，而是儿童发展心理学领域的研究。因为他惊讶地发现，当时学术界的主流观点认为来自贫民区或少数族裔家庭的儿童在认知、语言等层面存在缺陷。埃里克松想到了自己的经历：

可我在隆恩戴尔接触到的那些孩子，他们充满好奇心，富有洞察力，善于论辩，是运用语言艺术的行家里手。研究认为这些孩子缺乏维持努力与注意力的能力，但在我认识的孩子里，有的可以为了买到一件皮夹克而数月地努力工作，有的可以专注地下棋，展现出精湛的技艺，还有的——正如我已经提及——可以谱出精致的乐曲，哪怕他们有读写方面的困难。（Erickson, 2017:5）

1969年博士毕业后，埃里克松进入学术界，直至2011年荣休。在这漫长的四十三年间，从芝加哥伊利诺伊大学，到哈佛大学、密歇根州立大学，再到宾夕法尼亚大学，最后到洛杉矶加州大学，埃里克松从一个初出茅庐、对教育抱有热情的年轻人，变成了一个叱咤风云的学界领袖，课堂互动分析的巨擘之一。

1948年8月的那个夏日，由于父母的帮助，一个成绩不好的小孩获得了一次重新证明自己的机会。整整七十年后，这个小孩成了耄耋之年的老人，当他回忆起当时那个紧张又费力地阅读课文的自己时，他想到的并不是自己的努力，并不是自己"本来就做得到"，而是父母的背景。埃里克松的父亲是一位小商人，母亲是当地儿童图书馆的馆员。虽然并不是什么大户人家、上流阶级，埃里克松的家庭仍然是美国最坚实的中产阶级的一分子，而他的父母也有足够的社会资本与文化资本，能够在当地建立广泛而稳定的社会关系网络。正是依靠着这种关系网络，埃里克松的父母联络到了他的小学校长，也正是依靠着这种社会与文化资本，他们说服校长给了埃里克松一次重新证明自己的机会。埃里克松写道：

> 要在学校里获得成功，不被种族或阶级所污名化，并拥有信誉和社会关系，是一种优势。如果我的家庭很贫穷——或是更甚，我的家庭恰好既贫穷，又属于黑人或拉丁族裔，那么事情便会完全不一样。我很可能会继续挣扎在阅读困难之中，我的父母很可能完全无法成功地说服校长，而我也很可能会在学校教育的早期就被竞争的洪水所卷走。又一个"学校教育的失败"。（Erickson, 2017:1-2）

埃里克松近五十年的学术研究卷帙浩繁。虽然其每一项课题、每一篇文章、甚至每一个观点，都直接或间接地指向一个相同的主题：个人的缺陷与失败背后的社会不公正，但想要描绘这幅图景，或者仅仅是对其上百篇的研究成果分门别类、依次叙述，都是异常困难的。基于我对埃里克松的了解，以及本书的写作目的，以下四节将姑且从四个粗线条的维度论述他的研究。第一个维度是关于他对"情境"和"时间"这两个互动研究基本概念的重新演绎。在这个部分，我会花费一些篇幅，完整地呈现他的一个研究案例，这个案例可以串起他的很多研究关切，在本章各部分都会多次提及。第二个维度是关于他对课堂话语音乐性的探索。第三个维度是关于他在课堂互动研究中对社会公正问题的讨论，这也是贯穿他学术生涯始终的核心关切。第四个维度是关于他在课堂话语与互动研究的方法论领域的成就。

第二节　重构"情境"与"时间"

情境是社会互动的核心要素。在很大程度上，情境决定了某句话、某个眼神、某个手势的意义；换言之，脱离情境，这些互动元素本身的意义是悬而未决的，甚至完全不具有意义（Bateson, 1972）。无论是情境分析、沟通民族志还是互动社会语言学，都将情境视为重要的研究对象。然而，这些取径或多或少都将情境视为一种空间上的范畴。这也与我们的直觉相符合：当我们在日常生活中谈到情境时，我们往往是在指称一个物理意义上的空间，例如"课堂情境"、"面试的情境"、"厨房做菜的情境"等等。

埃里克松却从时间的范畴上探索情境的含义。在任何一个空间范畴的情境中，都存在着许多更加细微而短暂的、更小单位上的情境。例如，一个"课堂情境"里包含"讲授新概念"的子情境和"习题练习"的子情境；一个"习题练习"的子情境里又有"个人独立思考"、"上台答题演示"、"教师点名问答"等子子情境；每个子子情境里又有更多更小的情境，可以一直细分到"子子子……"里面去。餐厅吃饭的情境、公司会议的情境、情侣约会的情境……也都莫不如此。一个人是怎样感知这些情境的转变的？他是怎么知道在某个既定的时间应该做出哪个既定的行为的？在一篇题为《何时是情境：社交能力分析的若干议题与方法》的经典论文里[①]，埃里克松和他在哈佛大学所带的博士研究生杰弗里·舒尔茨（Jeffrey Shultz）从理论上探讨了这一问题（Erickson & Shultz, 1981）。从互动社会语言学关于"情境化线索"的讨论出发，他们指出，在从一个情境转入另一个情境的时间节点上，会集中地出现很多情境化线索，包括言语行为（如言语的指令、音量的升降、突然的停顿等）和非言语行为（如手势的指令、身体姿势的变化、眼神的移动等）。感知情境的难处在于，虽然人类生活是发生在一个有上下层级关系的结构中的（例如，一个上午可以往下细分为15分钟吃早餐、30分钟锻炼、180分钟写作和15分钟休息四个部分，其中锻炼部分又可以往下细分为5分钟热身、15分钟俯卧撑、10分钟深蹲三个部分），但身处其中的人只能体验到水平的线性进程[②]。社会互动的情境更是难上加难，因为互动是自己与他人一起实时建构而成的，更加变动不居。埃里克松和舒尔茨比喻道，体验情境中的时间就好像手捻一串大小、重量、质地、间隔不一的珠子，而体验互动情境中的时间就好像许多人一起在同时创造和摸索这些珠子——或者毋宁说，互动的参与者就是这些珠子，他们在互动中探索彼此的存在与变化（Erickson & Shultz,

---

① 此文最初发表在洛克菲勒大学人类发展比较研究所1977年的内刊（第1卷第2期，pp. 5-10）上。1981年发表在Green与Wallat主编的《民族志与语言》一书中，1997年又在Cole, Engeström, Vasquez主编的《心灵、文化与活动：人类认知比较实验室经典论文集》中重印。其中，1981年的版本篇幅最长，内容最全面，为本章所引用和依据的版本。
② 这就是实时和非实时的区别，正如听广播和看报纸的区别：一模一样的一篇新闻，听广播时只能逐字逐句、从前往后、匀速地听，而看报纸可以快速浏览第一段、省略第二段、慢速精读第三段，甚至先看最后一段，然后跳回第一段，等等（Erickson, 2004:3-4）。

1981:151）①。

　　由于情境具有时间性，埃里克松也尝试从理论上重新建构"时间"的概念。他借用希腊语里指称时间的两个不同词汇来阐明他的理论。第一个词是 kronos，它指称的是连续体意义上的时间，如"2017 年 7 月 13 日下午 3 点 20 分 54 秒"就是一个 kronos 时间，它是一条连续的时间线上的一个点；在此之前有"2017 年 7 月 13 日下午 3 点 20 分 53 秒"，在此之后有"2017 年 7 月 13 日下午 3 点 20 分 55 秒"，或是更小的单位（如 53.9 秒）。这也是我们在日常语言中使用的时间，比如"周四上午九点在学校正门口集合"或者"明天下午见"。另一个词是 kairos，它指称的是断裂的、"事件"意义上的时间，姑且可以译为"时候"或者"时机"。例如，"是时候动身了"这句话中的时间就不是时间线上的一个点，此"是时候"与彼"是时候"也不必然是均匀分布在这条时间线上的。埃里克松指出，kairos 是一种"质性的时间"，它是把连续体的时间切割为很多不连续的、在性质上有区别的段落（2004:6）。在社会交往中，我们更多地是在"生活"在 kairos 意义上的时间里的，不同的 kairos 对"何为适当的行为"有不同的界定。因此，kairos 的本质就是一种"策略的适当性"（Erickson, 2004:7）。

　　埃里克松对情境和时间的理论重构为互动研究提供了新的分析框架。至此，我们不但应像情境分析或互动社会语言学那样关注某一特定

---

① 在分析这种"探索"时，分析者要拒绝那种认为互动中的事件具有完全的随机性的观念。Erickson 曾经举例说，一个学生本来望着教室窗外，教师突然提高音量，然后这个学生转头望向黑板，这一组行为序列的依次发生并不是随机的，而是有内在联系的。在我自己的课堂上，我经常走下讲台，在学生的座位之间穿行，然后让大家观察我所经之处两侧学生的头部运动（当我经过时，两侧学生抬头），以此演示互动事件的非随机性。

社会互动的情境是什么（what is a context），还可以继续考察这个情境是在什么"时候"（kairos）成为情境的（when is a context）。埃里克松自己曾经在很多研究中用到这一框架（Erickson, 1975, 1987, 1992, 1996, 2004, 2010; Erickson & Shultz, 1982）。在这些研究中，最有名的案例或许是"I can make a 'P'"。由于这个案例里蕴含了埃里克松研究的很多维度，通过它可以呈现与阐释他的很多研究关切与发现，在本章的其他部分也会再次提及，因此我在此节先完整地介绍这个案例。

这个案例发生在美国一所小学的低段混合编班[①]，全班22个学生中，既有已经上了一年小学的老生，也有刚刚进校的新生。九月份，秋季学期开学后的第三天早上，学生们正围坐在怀特老师身前的地毯上，进行"分享时刻"的例行活动。怀特老师想让安吉有说话的机会，于是转向她，问她前一天做了什么——这是一个"分享时刻"的标准问题。下表呈现了这段课堂对话。

表 3-1（Erickson, 2004:55–58）

01 怀特：	你昨天做什么啦，安吉？
02 安吉：	（耸了耸肩膀，然后断断续续地轻声说）呃……我去了奶奶家……
03 怀特：	（轻声说）大点儿声，我听不到……
04 安吉：	（略微提高了音量，仍旧断断续续地）我去了奶奶家。
05 怀特：	你奶奶和你家住得近吗？

---

① 在中国大陆，幼儿园是一个独立于小学的机构，为儿童提供 3 至 6 岁的正式教育，其英文译为 kindergarten。而在美国，4 岁之前的教育机构统称为 preschool，4 岁儿童所接受的公立教育称为 preK，而 kindergarten 是指公立小学的第一年。本文此处的"小学的低段混合编班"是指小学第一年（即 kindergarten）和第二年（即"一年级"）的混合编班。

074

06 安吉：	（摇头）。
07 怀特：	你需要坐车去她家吗？
08 安吉：	（点头）。
09 怀特：	你去奶奶家做什么呢？你和她说了学校的事情吗？
10 安吉：	（点头）。
11 怀特：	你跟她说了你最喜欢学校的什么吗？
12 安吉：	嗯……我在学校涂色……
13 怀特：	你在学校涂色，还有呢？
14 安吉：	读故事……
15 怀特：	对的，你还记得我们读的故事吗？叫什么名字？
16 安吉：	（耸了耸肩膀）
17 怀特：	关于巴士的那个……
18 安吉：	（点了两次头）。
19 怀特：	关于三只公山羊的那个……
20 学生 A：	我也跟我妈……
21 怀特：	（转向右侧，举起右手手指，做出"嘘"的手势，但没有发出声音）
22 学生 A：	我也跟我妈妈说了这个。
23 怀特：	（重新望向安吉）你还喜欢学校的什么呢？
24 安吉：	玩……
25 怀特：	你在学校最喜欢做什么？
26 安吉：	玩积木……
27 怀特：	玩积木，这是你最喜欢做的事情吗？

	（转向左侧，左手指向身后的黑板）你还记得这个字母叫什么吗……这个形状像蛇的？	
28 怀特：	（安吉没有说话） 叫什么？ （安吉没有说话）	
29 学生 B：	S……	
30 学生 C：	S……	
31 学生 D：	S……	
32 怀特：	（转向右侧插话的学生，摇头，表示否定，微笑）嘘……你是对的，但我们让安吉来说……我们今天要学另一个字母……	
33 安吉：	这个麦克风里面有什么？	
34 怀特：	（望着安吉）电池，就像你的手电筒一样。	
35 莉莎：	呃，老师……	
36 怀特：	（望向莉莎）什么？	
37 莉莎：	这个还是……	
38 怀特：	（望着莉莎）我知道，我没找到橡皮擦……问题就在这儿，我只能把它扔掉。	
39 学生 E：		
40 怀特：	（转向右侧插话的学生）怎么？	
41 学生 E：		
42 怀特：	你知道怎么骑自行车吗？你的车上是不是还有辅助的小轮子？	
43 学生 F：	怀特老师！	
44 学生 G：	怀特老师……	
45 学生 E：		
46 怀特：	你是个大男孩了……	

47 学生 H：	怀特老师……
48 怀特：	比利已经在等待了，让……我们让比利说话，什么？ （在比利说话时，安吉一直望着黑板）
49 比利：	我的……
50 怀特：	哥哥（加重语气）
51 比利：	乌龟
52 怀特：	（故意假装好奇地望着比利）带了一只乌龟来学校？是活的吗？
53 比利：	（摇头）
54 怀特：	一只死乌龟？
55 比利：	他是活的。
56 怀特：	（微笑）所以他是活的，是的，他是活的。
57 比利：	他是一只会跳的乌龟。
58 怀特：	（微微皱起眉头）一只会跳……我从来没听说过会跳的乌龟。
59 比利：	他会跳。
60 怀特：	他跳得高吗？
61 学生 I：	怀特老师！
62 安吉：	（望向怀特，在此之前她一直望着黑板，没有看比利或其他学生）我能写出"P"。
63 怀特：	（微笑着，望着比利，更大声地说）噢，但我不相信……我从来没听说过……乌龟是不会飞的……它们没有翅膀……我觉得你的故事是编的。
64 怀特：	（视线离开比利，望向左侧另一个坐在安吉旁边的学生，因此教师望向了安吉坐的方向，但并没有望着安吉）
65 学生 I：	我的地窖里有一只鱼和一只猫。
66 怀特：	你的地窖里有一只鱼？

67 安吉：	我能写出"P"。	
68 怀特：	我要去看看你这个特别的房子。	
69 怀特：	（又转向另外一位想发言的学生，而没有转向安吉）	

对于一个旁观者来说，上述对话只有一个情境，即"分享时刻"。可是对于身处其中的互动参与者来说，这段对话在不同的层次上包含了许多个情境。对于安吉来说，她从 01 到 35，一直处于与教师一对一交谈的情境中。教师的点名提问、身体转向、眼神注视等都表明了这是一个由安吉说话（或用交谈分析的术语来说，提供话轮）的情境。根据冈佩尔茨的概念来说，这些互动元素都是"情景化线索"（Gumperz，1982），它们共同将 01 到 35 的时段"情境化"（contextualize）成一个由安吉提供话轮的情境。在这段时间（kronos 意义上的连续时间）内，安吉又处于许多更小的情境中，即每一次与教师话轮转换的情境。教师的每一个问题都将安吉置于一个"应该做出回应"的时机（kairos）里。在前几个问题里，安吉都用简短的言语（02，04，12，14，24，26）或非言语行为（06，08，10，16，18）做出了回应，从而满足了情境的设置。然而，在教师指着黑板问她"你还记这个字母叫什么"的时候，安吉没有做任何回应，而且在教师两次追问的情况下，仍然没有回应（28）。随后，其他三位学生接替了安吉在情境中的位置，做出了回应（29，30，31）。在教师与其他多名学生互动之后，安吉试图重新发言，两次插话道："我能写出'P'。"但是，此时的情境已经变化了，或者毋宁说，此时的时间已非彼时的时间——属于安吉说话的时机（kairos）

已经过去了。因此，尽管安吉试图插话，她却没能将怀特老师的注意力再次转移到自己身上来。她已经无法将当时的时间（kronos）"情境化"为自己说话的时机（kairos）了。

　　埃里克松用了一个象征的情境来进一步阐释这段对话。他指出，这个班级本身是很特殊的，同时包含两个年级、不同年龄的学生。其中，已经上了一年小学的老生已经习惯了课堂话语的常规结构，而新生还处于习得这些结构的阶段。例如，在教师做出引发话语（I）之后，学生就应该做出回应话语（R），并且等待教师的反馈（F），这是 I-R-F 的基本结构（见上一章）。但是刚刚从家庭环境进入学校环境的新生可能还不熟悉这种非常结构化的对话。因此，在这个班级的课堂上，有一些老生喜欢抢新生的话，或者在别人说话的间隙里，嚷着"怀特老师"，或者插入自己的话。也就是说，当教师让某位学生发言时，会有比这位学生更熟悉课堂话语规则的学生试图抢走其话语权。埃里克松将这些"破坏他人的话轮"的人比喻为"话轮鲨鱼"（turn sharks）。他描述道，这些人时刻观察和感知着课堂上的话语结构，并在恰当的时机用一种暴力的方式抢走别人说话的机会，就像鲨鱼在水中环伺，时刻寻找着猎物一般（Erickson, 1996a:37-38）。在上述对话中，学生 A、B、C、D、E、F、G、H、I 都是"话轮鲨鱼"。其中，有些"鲨鱼"并没有成功地抢走别人的话语权，如学生 A 没能抢走安吉的话语权，学生 H 没能抢走比利的话语权；但也有些"鲨鱼"成功了，如学生 B、C、D 抢走了安吉的话语权，学生 I 抢走了比利的话语权。在没有成功的情况下，这些"鲨鱼"没有改变当时的情境，或是 kairos 意义上的时间，例如学生 A 插话之后，怀特老师仍然望向安吉，继续向她提问。而一旦成功，这些"鲨鱼"就改变了当时的情境——在"鲨鱼"们轮番的抢夺过后，无论是安吉还是比利，都没能继续回到与教师对话的情境之中，属于他们的kairos已经过去了。

基于对互动中的情境、时间、言语属性的这些独特理解，埃里克松还从理论上推进了维果茨基的"最近发展区"概念。维果茨基将"最近发展区"定义为一个孩子"独立解决问题时所展现的实际发展水平和在成人的指导下或者更有能力的同伴合作中解决问题时所展现的潜在发展水平之间的距离"（Vygotsky, 1978:86）。基于这一说法，新维果茨基学派认为，最近发展区不是一个个人特质层面的概念，而是一个互动层面的概念。也就是说，单个人是不存在最近发展区的，只要当这个人处于和其他人互动的过程中，才会形成最近发展区；而这个"区"的性质和大小，也是随其他人的身份不同而不同的（Chaiklin, 2003; Rogoff, 1990; Wertsch, 1991）。而埃里克松进一步指出，并非最近发展区一旦形成，它就会自动发挥作用的；互动中的参与者还必须主动地"去争取"（go for）自己的最近发展区。在怀特老师的课堂上，教师的提问为安吉提供了一个最近发展区——她有机会自己组织语言、表达想法、与老师和同伴沟通。但是，安吉错过了机会。这种"争取"需要互动参与者对情境和时间有着实时的领会与把握。埃里克松这样写道：

在我们的案例中，仅仅是进入最近发展区——且不论在其中做什么对认知有要求的事情——都是一个互动意义上的重大成就。教师与学生必须实时地"去争取"那个区，因为其他人（尤其是"话轮鲨鱼"）也在"争取"。的确，除非在互动当中建构它——言者和听者一起去"争取"那些重要的时机（kairos），否则就根本不会有什么"区"可言（Erickson, 1996a:59）。

第三节　课堂话语的音乐性

　　埃里克松在课堂互动研究领域的另一独特贡献是指出了课堂话语的音乐性，或者用他自己的话来说："当我们言说时，我们在歌唱。"（Erickson, 1995:15）这一发现源自他的音乐学专业背景，也与他对课堂话语本身的细致考察密不可分。在本节，我将首先阐述他对课堂话语音乐性的见解，然后用上文"I can make a 'P'"的课堂案例，呈现这种音乐性的认识可以如何丰富我们对课堂话语的研究视角。

　　埃里克松最初是在1995年的一篇论文中系统地提出课堂话语的音乐性理论的。在这篇论文中，他首先批评了三种论述音乐与言语之联系的观点。第一种观点认为音乐表意的原理在于声音与语义的直接指代（例如高频的短促音符"指代"鸟的叫声、贝多芬第五交响曲开头的三连音"指代"命运的敲门声等）；第二种观点认为特定的音乐能够激发人的特定情绪；第三种观点认为音乐是塑造道德感的媒介之一，因此是一种道德语言。而埃里克松援引汉斯利克、斯特拉温斯基和梅耶等音乐学家的观点，认为声音与语义、情感、道德感之间都没有内在、必然的关联。音乐固然能传达某种语义、激发某些情感、唤起某种道德感，但这种关联性的关键在于作曲者与听者共享一套对音符、韵律、节奏等元素的"预期"。也就是说，每个人都是带着某种预期在创作和聆听音乐的，而这种"预期"和实际乐曲的异同就成为音乐与人进行意义沟通的渠道。

基于对这些先前理论的梳理与批评，埃里克松提出了自己的观点：音乐与言语的联系在于言语本身的音乐性。人的言语是有节奏和韵律的。在中文里，我们用"抑扬顿挫"来形容让人听着舒服的言语。社会交往中的对话更是有节奏和韵律的——或者毋宁说，我们对社会交往中的节奏和韵律有"预期"。举例来说，在一个面对面的情境中，当你问别人"吃了吗"的时候，你会期待对方在很短的时间之内做出某种答复（"吃了"或者"还没"等）。如果对方望着你（表明听到了你的问题），却在十秒钟之后才做出答复，你会觉得奇怪。这就是因为话轮转换是有节奏的，我们在说话时，也在预期对方的说话。另一个关于韵律的例子是[①]，如果教师在课堂上问学生："你们知道古时候说五行是指哪五行吗？"学生齐声回答："金、木、水、火、土。"请你依据自己的经验，想象当时学生回答的语音语调：每一个字的声音都是拖长的，其中前四个字的音调在尾部上扬，直到"土"字的音调才落下；此外，五个字之间的间隔都是一样的。如果用符号表示，学生的回答大致应该是这样的：

学生："金^金——木^木——水^水——火^火——土_土。"

如果你是这位教师，或者当时正在这个课堂里旁听，而你听到的是这样的答复：

---

① 这一例子改编自埃里克松的论述（Erickson, 1995:28）。

学生："金金——木木————————水水—火火——土土。"

或者：

学生："金金——木木————水水——火火——土土。"

你会觉得奇怪。同样，这也是因为我们对言语的节奏和韵律有预期。当我们听到上扬的音调时，会预料到其后应该还有并列关系的字词出现，并且我们期望这些并列关系的字词都是按照同等的间隔出现的。总而言之，我们在自己听与说的时候，也在积极地预测他人的听与说。对于课堂话语这样一种高度机制化、结构化、规则化的类型（Cazden, 2001; O'Connor & Michaels, 1996），对话参与者的预期会更多、更强烈、更固定。

课堂话语的音乐性，究竟是如何体现的呢？认识到这种音乐性，又有什么意义呢？埃里克松用了许多案例来说明音乐性的作用，以及这种认识对研究者的影响（Erickson, 1996a, 2004, 2009）。此处，让我们回到怀特老师的课堂，回到安吉的"I can make a 'P'"的案例。前文已经说过，在 I-R-E 结构中，当教师做出引发话语（I），学生就应该做出回应话语（R），这一种"应该"本质上是一种双方的预期。所以当怀特老师向安吉提问后，安吉应该回答；如果不做出回答，属于她提供话轮的时机（kairos）也就消失了，而"话轮鲨鱼"则会伺机而动，抢走她的话语权。但是，上一节没能解决这套理论中的一个关键问题：互动的参与者怎么知道哪个时间段才是安吉的时机，又是怎么知道从什么时间点开始，她的时机消失了？在上述对话里，安吉正是不清楚这个问题，所以错过了时机，但"鲨鱼"们又是怎么知道的呢？音乐学家出身的埃里克松用了一个独特的办法探索这个问题：他用五线谱的形式转录课堂对话，将课堂互动的节奏置入音乐的节拍中，从而呈现出课堂话语的音乐性。下图就是表 1 的 23 至 31 行对话的五线谱形式。

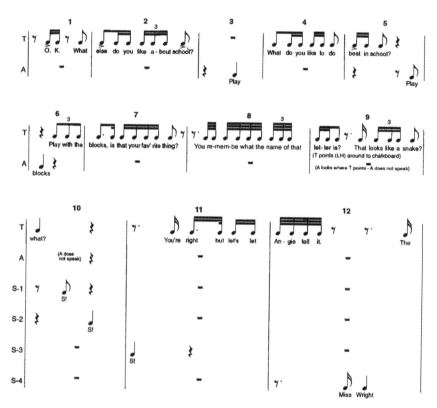

图 3-1　怀特老师的课堂对话谱（Erickson, 1996a:46；已获得原作者授权重印）

在这张对话谱中，每一个句子中的每一个词的每一个音节都依照各自的节奏，被置入了音乐的标记符号中。尽管听不到当时现场的声音，但有识谱能力的读者仍然能够通过这些标记，还原教师（T）、安吉（A）以及其他四个学生（S1-S4）的对话。此处，我们要关心的部分从第二行开始。教师问安吉："玩积木，这是你最喜欢做的事情吗？"

之后有一个休止符。然后教师继续问道："你还记得这个字母叫什么吗……"之后又有一个休止符。在这两个休止符上，安吉都本应该对教师的引发（I）做出回应（R），然而她都没有说话。教师再次追问道："这个形状像蛇的？叫什么？"这时，就在教师的"叫什么"（what）之后的一个节拍上，第一位学生插话了："S。"在下一个节拍上，第二位学生插话了："S。"在第三个节拍上，第三位学生插话了："S。"这三个"S"分别落在三个重音节拍上，和教师的"叫什么"构成了工整的节奏。这样的节奏让互动参与者有了做出预期的参照：I 的后面不但肯定有 R，而且一个"合适"的 R（以及 R 之后的"合适"的 E 或 F）应该正好落在重音的节拍上。用互动社会语言学的术语来说，具有沟通能力（communicative competence）的人在社会互动中会时刻意识到这些节奏的存在，并相应地调整自己的言行——换言之，他们对话语的音乐性有很高的敏感。正如 Erickson（1996a:55）所说，若是没有这种对 I 与 R 之间节奏的既有预期，"话轮鲨鱼就难以如此熟练地捕捉到那些恰当的时机（kairos），从而夺走安吉回答的话轮"。

上一节已经提到，不同情境之间的转换，往往伴随着言语和非言语行为上的一系列变化，如音量和音调的变化、身体姿势的变动、手势和眼神的指示等等。贝特森将这些互动要素统称为"元信息"（Bateson, 1956; 1972），而冈佩尔茨称其为"情境化线索"（Gumperz, 1982; 1992）。这些要素将某个时刻（kairos）"情境化"为一个特定的情境。而埃里克松的贡献就在于，他在这个"情境化线索"的谱系里，又加入了言语本身的音乐性这一新的类别，从而让我们在观察与阐释课堂话语与互动时，又多了一层新的视角。

第四节　社会公正："大写 D"的话语分析

　　对怀特老师的课堂话语，如果埃里克松的分析到情境—时间的维度和话语音乐性的层面为止，那么我们可以说，他很好地继承了常人方法学和社会语言学的传统。但是，他的研究并未止步于此，他对安吉、比利、"话轮鲨鱼"等"研究对象"的经历与命运还有更深的关切。尤其是在 1990 年代后，埃里克松受到"大写 D"的话语分析取径的影响。1993 年夏天，埃里克松受邀在巴西的里约热内卢联邦大学讲授"基于视频的微观民族志话语分析"的短期课程，并顺道参加巴西语言学全国会议。在那门课上，听众问他，欧洲大陆和北美的话语分析传统有什么区别。在回应这一问题时，他意识到，自己二十年前采集的一个家庭聚餐上的对话片段可以用欧陆的话语分析传统——即吉所说的"大写 D"的话语分析（Gee, 1990）——进行重新阐释。那段对话是在讨论当时的物价，原先的分析仅仅在考察对话本身的细节，而他现在意识到，这段对话之所以会发生，与当时的世界石油危机有关，与石油危机所导致的通货膨胀有关，也与通货膨胀中这个低收入家庭的特定生活状况有关（Erickson, 1992, 2004:ix）。由此，埃里克松开始重新审视自己过往研究所采集的数据，也包括怀特老师的课堂。在 2004 年《言谈与社会理论》

（*Talk and Social Theory*）一书的第三章中再次阐释这个案例时，他对其意义有了更深入的论述。

与 1996 年的论文相比，埃里克松在 2004 年的著作中增加了对怀特老师班上学生家庭背景的描述。这些孩子大多有意大利血统，来自意裔美国人家庭，居住在当地的意大利生活区，属于低收入的工人阶级。安吉的父亲在 1974 年的秋天失业了，后来才在另外一个镇上找到消防员的工作，因此安吉在怀特老师的班上只待了一年。不仅如此，她此前没有受过完整的学前教育，只在开学前的夏天读过三周的幼儿园。更特别的是，她是家中的独生子女。正因如此，她在家里不需要和兄弟姐妹争夺父母的注意力；当她在家里说话的时候，全家都会听她讲话，不存在争抢话语权的问题。当她来到怀特老师的班上时，她不但不熟悉课堂话语的结构，也不熟悉 22 个孩子围着一位成人争抢注意力和话语权的互动模式。这就是安吉和"话轮鲨鱼"在前文的课堂对话中的角力及其结果背后的故事。

2004 年的埃里克松在分析了这段课堂对话之后，继续写道，处在"话轮鲨鱼"环伺之中的安吉在那年的 11-12 月份开始逐渐能够自己抢到话轮了，但她抢到之后还是不太知道怎样表达自己的想法。直至次年的 2 月份，她才变得和其他的孩子一样，对怀特老师提出的问题回应自如，从而不再让"话轮鲨鱼"有抢话的机会。而这个案例中的另一个学生比利，他就没有那么顺利了。在 11-12 月份的数据里，尝试发言的比利仍然被"话轮鲨鱼"抢走了话轮；从那之后一直到次年的数据里，比利都没有在全班讨论的情境里再次主动说过话。埃里克松写道，教师在课堂上的某些不起眼的行为——对不同学生的差别对待——可能会对学生的动机与能力起到深远的影响。这些即时、琐碎、非正式的反应（如教师对"此时关注谁"的选择）甚至有可能会进入正式的评估，成为一个学生的永久记录。可以发现，埃里克松在 2004 年的著作中不但关心课堂对话本身的机制，还关心课堂对话中的人物更广阔的命运。实际上，这并不是埃里克松在 1996 年至 2004 年之间的兴趣转变，而是贯穿他学术生涯始终的最深的关切，那便是社会公正的问题。更准确地说，他关切的是作为一种社会机制的课堂话语与互动是如何"凸显"一些人、"隐没"另一些人的。批判教育学将学校教育视为社会不平等的再生产（Giroux, 1983），而埃里克松进一步考察这种不平等的再生产究竟是如何在课堂上日常而微观的交往与互动中进行的。这一取径的研究正是吉所说的"大写 D"的话语分析。

前文已经提到，情境是一种有时间性的社会建构。在实时的互动过程中，互动的参与者通过言语和非言语行为将他们正在经历的时间"情境化"为某种特定的情境。由于其高度的机制化和复杂的社会关系，课堂情境还是一种有政治性的社会建构：每个学生都带着各自不同的文化、经济、社会、个人经历的背景进入课堂，而课堂呈现给他们的资源与期望也不同，他们在课堂上面对的"可能"与"不可能"也就不同。埃里克松举例说，德克萨斯州南部有大量以西班牙语为母语的拉丁裔族群，也有很多以英语为母语的盎格鲁-撒克逊族群，但拉丁裔族群能够熟练使用英语的比例远远大于盎格鲁-撒克逊族群能够熟练使用西班牙语的比例（Erickson, 1996b:92），因为语言的学习并不是纯粹的认知过程，不仅仅关乎脑与神经，而是还牵涉到政治的因素（Messing, 2007; Schmidt, 2007; Silverstein, 1996; 本书第四章还会详细阐述这一观点）。按照埃里克松的说法，学习涉及到一种"同意的政治"（politics of assent; Erickson, 1996b:92-93）。也就是说，学生首先要有动机去学，要"同意"去学，而这就涉及到学校与课堂的特定情境是否给了学生"同意"的机会，或者说，要看这种由日常、实时、微观的互动所建构的社会互动是否为学生提供了学习的情境。埃里克松援引福柯的《规训与惩罚》，指出学校的教室里存在一种泛在的监视——教师关注学生、学生互相关注，这种关注可以被视为一种监视，正如同时期（约 1820-1840年）诞生的监狱一样。教师对学生的关注可能是良性的，也可能变成恶性的；而关注之为良性，首先需要教师和学生之间建立良性的社会关系，即埃里克松所说的"联结关系的社会建构"（Erickson, 1996b:94）。这种社会建构归根结底是在日常、实时、微观的互动中形成的。

例如，我们可以比较如下两个对话。

表 3-2

［两个朋友在逛街，小红从试衣间出来，向小白问道：］
01 小红：你觉得这件衣服好看不?
02 小白：（没有回应）
03 小红：问你呢，到底好不好看啊?
04 小白：（没有回应）
05 小红：哦。

表 3–3

［小学一年级英文课堂，教师指着黑板上的字母，向小灰问道：］	
01 教师：你还记得这个字母叫什么吗？	
	02 小灰：（没有说话）
03 教师：这个形状像蛇的？	
	04 小灰：（没有说话）
	05 教师：有没有哪位同学来帮帮小灰？

　　表 3–2 和表 3–3 中的两个对话都是我们很熟悉的日常情境，我们也很容易理解它们各自的含义。但是，同样是互动中一方的提问没有得到另一方的回答，无论是参与者的阐释，还是我们作为旁观者的阐释，都完全不一样。小白的"没有说话"会被理解为一种主动的不回应，原因虽不可考（除非我们去问小白），但我们可以合理地猜测，小白或许觉得小红在试的这件衣服不好看，但又不愿意直说，或者他们此前正在吵架，小白还在气头上，不愿意理小红，云云。但无论是哪种猜测，我们一般不会觉得小白是"不知道"这个问题的答案——或者说，我们不会觉得小白是在认知上缺乏回答这个问题的能力，也不会觉得小白在这个问题上需要他人的帮助。然而，当小灰没有说话时，我们会觉得小灰"不知道"黑板上的字母叫什么，他在认知上缺乏回答这个问题的能力——可能是因为他学过又忘记了，可能是因为他上课注意力不集中，可能是因为他有学习障碍——从而需要他人的帮助。所以，教师才会询

问"有没有哪位同学来帮帮小灰"。

为什么会有这种差异？有一种解释是：小红和教师的问题性质不一样。小红问的是一个"答案未知"的问题，而教师问的是一个"答案已知"的问题。对于一个提问者自己也不知道答案的问题，回答者的无法回答是情有可原的，可以导向多种不同的解读；但如果提问者知道答案，那么回答者的无法回答就可以被解读为"不知道答案"。这种结构—功能的视角看似有道理，但却经不起推敲。例如，小红完全可以预设问题的答案（她或许早就有了买或不买的心意），那么这个问题在本质上就是一个"答案已知"的问题。教师也完全可以问一个"答案未知"的问题（例如怀特老师的"你昨天做什么啦?），可学生的不回应还是会被视为一种"不知道"，这种沉默还是会被"话轮鲨鱼"所捕获。因此，这种差异的关键不在于提问的性质，而在于情境本身。在一个逛街的情境里，我们不会在正常的交谈和个人的能力之间预设一种关联，但在课堂的情境里，我们会预设学生的发言、他们与教师的对话、他们和同伴的互动是和他们每个人的能力、动机乃至学业成就挂钩的。作为一种长期的社会建构，这种"挂钩"的预设早在任何一个学生进入某个特定的课堂之前，就存在于学校教育的文化之中了。在逛街的情境里，交谈就是闲聊，而只有在课堂的情境里，交谈才变成了"I-R-E"，变成了一种有预期结构与结果的话语。这就是差异的源头。

因此，当我们认为某个学生在课堂上"心不在焉"，或者在班级里"格格不入"的时候，我们首先要问的不是"这个学生怎么了"，而应该是：我们期望这个学生"在"、期望这个学生"入"的那个东西到底是什么。这是埃里克松强调的"互动中的公正"所带给我们的启示，我们可以用这种视角来重新审视许多教育教学变革的合法性。例如，在"为了理解的教学"框架中，有一个最简单的教学策略，即教师在提问之后，允许长时间的停顿（例如，在上一章的表 17 与 18 中，教师在两次提问后分别等待了 45 秒和 15 秒）。这个更长时间的停顿不仅仅是为了给学生更多的思考时间，也是为了打破 I-R-E 的固有节奏。当更长时间的停顿与等待成为一种新的课堂话语规范时，"话轮鲨鱼"就无法轻易地夺走某个学生的说话机会，学生也会更安心地思考，对课堂氛围建立更多的安全感。又如目前课程整合的改革趋势（如整合科学、技术、工程与数学的 STEM 教育），一方面是为了更加问题导向地安排学科知识，更加符合问题解决的教育模式，另一方面也是为了"打散"课堂情境的时间性，在同一段连续的 kronos 中创造分段、断裂乃至重叠的 kairos，从而让不同的学生在同一个任务里都找到自己能够参与、能够与他人合作的活动（Erickson, 1996b:103）。如一项旨在提升中学生科学素养的田野研究发现，在以小组为单位的探究性项目学习中，即使有的学生承担的并不是传统意义上指向学科学习本身的任务（例如有个学生喜欢摄像，就承担了用摄像机记录他们小组探究过程的任务；另一个学生喜欢平面设计，就承担了为他们小组的探究结果设计展示海报的任务），但因为这是他们感兴趣、有动机去做的事情，而且也是一种合法性边缘参与的学习，所以他们也在这种集体合作的活动中有所收获（Polman & Hope, 2014；对于这一点，还可参见 Lave & Wenger, 1991；Roth & Lee, 2004）。

第五节　方法论的建设与反思

　　作为课堂话语与互动研究的领军人物，埃里克松也一直在进行方法论的探索。从七十年代至今，他写了大量讨论方法的论文。我们可以从下表窥见他在方法论领域的研究足迹及其影响力。

表 3-4

年份	论文标题	引用次数[①]
1977	学校–社区民族志的一些探究取径	327
1981	何时是情境？社交能力分析的若干议题与方法	777
1982	视听档案作为主要数据来源	114
1982	在即时环境中被教授的认知学习：教育人类学忽视的主题	227
1984	什么让学校民族志具有民族志属性？	431
1986	教学研究的质性方法	7381
1992	互动的民族志微观分析方法	771
2002	教育研究的文化、严谨与科学	343
2004	起源：多模态话语分析起源的智识与技术简史	31
2006	基于视频的数据含义及其分析：研究流程及其依据	370

续表

2011	社会科学中的视频运用：一段简史	58
2011	实践、教学 / 学习、视频与理论化的反思	5
2012	科学教育的质性研究方法	523
2016	首先，不要伤害：一个评论	/

这些成果涉及到多个不同的方法论议题，其中最重要的领域有二。其一是关于民族志与质性研究方法。在表 3–4 中，最有影响力的论文当属 1986 年发表在《教学研究手册》上的《教学研究的质性方法》[①]，埃里克松在此文对他所认同的质性研究方法进行了系统的阐述。他在这个领域的思考在七十年代就逐渐成形，一直持续到近年（如 Erickson, 2012）。其二是基于视频数据的研究方法。早在 1982 年，埃里克松就论述过视频数据的处理与分析。在 2006 年美国教育研究协会出版的研究方法手册里，他撰写的关于视频分析的一章更是为整个行业树立了规范与操作准则。他还深入地梳理过视频研究在社会科学领域的发展史。在此节，我会分别论述埃里克松在这两个领域的核心贡献：为什么需要质性研究？基于视频的教育研究如何操作？

在 1980 年一篇未公开发表的报告中，埃里克松和他的同事提出了田野研究可以回答的五个问题：这儿（即研究田野）发生了什么事情？这些事情对于参与其中的人来说意味着什么？这些人需要知道什么，才能够按照他们现在行事的方式行事？这些事情与其所在的社会情境之间

[①] 有趣的是，这篇文章的审稿人是米恩和麦克德莫特（Erickson, 1986:119）；前者是本书第二章着重提到的人物，后者是本书第五章将要提到的人物。可以发现，这些课堂互动研究者们的个人学术史，以各种方式交织在了一起。

有什么关系？这些事情的内在组织与其他地方、其他时间的事情有什么不同（Erickson, Florio, & Buschman, 1980:2）？在 1986 年论文的开篇，埃里克松重新提出了这五个问题，但在措辞上更加强调对日常生活的关注。他随后写道，出于五个原因，教育研究特别需要回答上述问题。因而也几乎可以认为，若能深入理解他对这五个原因的阐述，就能理解他整个五十年学术生涯的基本取向①。

第一个原因——也是最基础的原因——是"日常生活的不可见"。埃里克松（1986:121）指出，"这儿发生了什么事情"看上去似乎是个琐碎而无意义的问题，但在很多情况下，我们其实并不像我们以为的那样了解它的答案②。因此，教育研究亟需将熟悉的事物陌生化、将寻常的生活问题化，从日常的教学现象中发现有价值的研究问题。这一立场继承了常人方法学、沟通民族志、互动社会语言学的传统。戈夫曼研究两个人在路上相遇后相互避让的情形（Goffman, 1963, 1971），萨克斯等人研究交谈中的人是如何交替说话的（Sacks, Schegloff, & Jefferson,

---

① 这篇长达 44 页的论文分为两个部分，前半部分是埃里克松对质性方法之意义的论证，后半部分是他对质性方法之具体操作细节的描绘。将这篇论文提交给密歇根州立大学教学研究所之后，埃里克松被研究所当时的联合主任杰雷·布罗菲（Jere Brophy）约谈，后者认为这篇论文的后半部分堪称完美，但前半部分"仅仅是一种政治"（Erickson, 2017:9），会遭致不必要的记恨，所以劝说埃里克松将其删去。然而，埃里克松认为这一部分才是自己真正想要表达的想法，坚持将其保留。幸而有埃里克松的坚持，这部分内容才得以面世，迄今被引用七千余次，成为质性研究发展史上不可磨灭的经典之作，在出版三十年之后仍然闪耀着智识的光芒。

② 对于这一点，我深有体会。我在多次不同的课上问学生类似这样的问题："从华东师大出正门往左边的第四家店铺是什么？"尽管这些学生都是入学超过一年的老生，进出校门是他们日常生活的一部分，但他们大部分人都答不出来。我们对身边静态的事物都常常视而不见，遑论动态的社会互动。

1974），从寻常的视角来看都可谓是"莫名其妙的研究"。但他们的研究结果不但令人耳目一新，而且还深刻地影响了社会科学的走向。

第二个原因是教育研究需要"通过记录实践的具体细节来理解（日常生活）"。回答"这儿发生了什么事情"不是那么容易的事情，至少没有我们平常想象的那般容易。课堂上发生了什么事情？——教师在教，学生在学。没错，可这两件事情到底是怎么发生的？又是怎样关联在一起的？我们经常听到对课堂这样的评价：学生学得很主动；或者：这个课堂比较沉闷。但这两句话到底是在说什么？什么叫学得很积极？比较沉闷是指什么？换言之，当我们看到什么时，我们可以说学生学得很积极？当我们看到什么时，我们又可以说课堂比较沉闷？要理解"积极"和"沉闷"，我们就必须深入、系统地记录课堂实践的具体细节，而不仅仅是泛泛而谈。

第三个原因是教育研究需要"考察（日常）事件对身处其中之人的本土意义"。这是社会科学的基本要求之一，但其重要性在教育研究中还没有得到足够的理解。发展心理学和人类学都发现，同样的体罚行为，在不同的文化中被视为"正常"或"异常"的程度是不一样的，对身处不同文化中的孩子的影响也不一样（Hansen, 1997; Lansford et al., 2005）。即使是在同一个文化，每个学生都是带着自己不同的背景来到课堂上的——安吉不同于比利，小红不同于小白。因此，虽身处同样的课堂，从事同样的学习活动，他们的知觉、感受和意义建构却不同。要考察课堂的运作机制，我们就不仅要知道这儿发生了什么事情，还要知道这些事情对当事人意味着什么。

第四个原因是教育研究需要"比较性地理解不同的社会情境"。这是"大写 D 的话语分析"的主张，要求我们把即时事件及其本土意义关联到更广阔的社会情境中去。埃里克松本人后期的研究就很好地做到了这一点。在分析一个家庭在餐桌上对物价的讨论时，他不但考察交谈本身的细节，也将交谈内容置于当时的社会背景（1973 年的世界石油危机及其导致的通货膨胀）中，挖掘本土交谈与社会情境之间的联系，从而更深入地理解了交谈的意义（Erickson, 2004; cf. Erickson, 1992）。此外，对家庭情境与学校情境的不同话语结构进行比较，也一直是课堂互动研究的重要议题（见本书第四章）。

第五个原因是，教育研究还需要超越一时一地、当时当地的情境，比较性地理解不同历史与文化中的相似情境。这是建立在第四个原因基础上的更高要求。我们久居某一特定社会文化情境中，往往觉得周遭的事物都是理当如此的，从而忽视了事物之所以如此这般运作的机制，正所谓"不识庐山真面目，只缘身在此山中"。例如，三岁小孩在幼儿园打架，我们会觉得教师的干预是理所应当的，而在日本学校里，教师的不干预才是"适当"的教育（Tobin, Hsueh, & Karasawa, 2009）。

那么，如何将这些道理应用到质性的教育研究之中？在《教学研究的质性方法》一文的后半部分，埃里克松对一般意义上的质性研究设计、操作步骤和注意事项做了详细的论述。自七十年代以来，他更是对课堂互动研究的方法进行了持续的思考与讨论。此处将介绍他所提出的基于视频的课堂互动研究方法。

1977 年，埃里克松在《何时是情境》一文中提出了"自上而下"的话语分析的五个步骤，在 1981 年的版本中又变为六个步骤（Erickson, 1977, 1981）。在 2006 年的《基于视频的数据含义及其分析：

研究流程及其依据》一文中，埃里克松又对此加以补充，形成了"从整体到部分"、"从部分到整体"、"显性内容分析"的三种取径，成为基于视频的课堂研究的"行业标准"之一。囿于篇幅，本节仅介绍"从整体到部分"的取径，这也是埃里克松本人常用的一种视频分析的方法。

"从整体到部分"的取径又称"归纳"的取径，继承了民族志、情境分析、社会语言学、交谈分析的传统，是从数据的整体入手，逐渐划分为更小的单元，进行更细致、深入的分析。这一过程分为六个步骤（Erickson, 2006:577-580）：

第一步：从头至尾完整地观看所有的视频，并做观察笔记。在观看时，不暂停、不回放、也不重看。在笔记中，要尽可能多地记录让你觉得特别的言语和非言语行为，并做好时间标记。我认为，这一步有两个目的：一是要重新浸入田野，重新感受当时当地的情境①；二是要带着比较"新鲜"的视角，整体地观察数据中"有意思"的事情。一旦多次回放，聚焦特定片段，那种新鲜感可能就不复存在了。

第二步：重新完整地观看所有的视频，但在必要的时候暂停、回放、重看，识别主要的主题单元（如做习题、讲授新概念、演示实验）和参与结构（如小组讨论、直接讲授、一对一问答）及其转换边界。观看时，不但要注意言者的言语，还要注意听者的非言语行为。在这一步里，分析者要做出一条时间轴，按时间发生的顺序标记好所有识别出的片段和事件。注意：从这一步开始，我们已经在从整体走向部分了。在洛杉矶加州大学教育学系"课堂话语分析"的课上，埃里克松还分享了

---

① 在某些情况下，视频的采集者并不是数据的分析者，那么这一步就更为重要。

很多识别参与结构的技巧，例如在观看视频时，关掉声音，来回拖动播放的进度条（即快进快退），从画面的结构性变化（如多数人同时低头、全体起立等）来定位参与结构的转换；或者反之，关掉画面，从声音的结构性变化（如声音突然从嘈杂转为安静）来定位参与结构的转换。

第三步：在已经识别出来的片段中，选择一个参与结构单一并让你觉得有分析价值的片段①，对其进行细致的转录。所谓细致，就是要对其中的核心人物（如教师、某个你特别关注的学生等）的所有言语和非言语行为进行事无巨细的记录，包括但不限于：说了什么话、怎么停顿的、声音怎么延长或压缩的、重音怎么分配的、音调是怎样的、话轮之间是如何转换或重叠的、眼神是怎么移动的、头部是怎么转动的、表情是怎样的、身体姿势与位置是怎么变化的、手势是怎么动作的，等等。这种转录必然会花费大量的时间。我的经验是，一份足够细致的转录，片段本身和转录工作的时间比大概是 1:150 × 核心人物数量。也就是说，如果要转录一个 30 秒钟的视频片段中的一位教师和一个四人小组的讨论，所需的时间大概是六个多小时（375 分钟）。

第四步：重复第三步的转录，直到你所转录的片段数量足够你对研究问题做出尝试性的回答——通俗地说，就是足够你对所观察现象的发生机制有了某种感觉，例如"似乎每当……就会……"或者"看起来好像……总是伴随着……"等等。然后，基于这些感觉，对片段进行编

---

① 此刻，分析者不可能完全确定哪个片段是有分析价值的，只能是一种隐隐约约的、感觉上的判断。唯一的标准是，这个片段必然指向研究问题。例如，我研究科学课堂上的争论话语，我关心的问题是这种争论是怎么发生、又是怎么进行的。那么我可能会在一些已经识别出来的带有争论话语的片段中，选择一个我感觉争论最为激烈、或者参与人数最多、或者持续时间最长的片段。

码。编码主要是聚焦于某些行为的内容、结构、功能和特点，如下列编码所示：尾音下抑的提问、否定的回答、表征物体形状的手势、皱眉、"我不同意，因为……"、教师的指令，等等。

第五步：条件允许的话，可以邀请视频中出现的互动当事人一起观看某些关键片段，并询问和讨论他们的感受和想法。这是一种访谈的形式，在心理学里有时被称为"有刺激的回忆性访谈"，在人类学里有时被称为"以视频为线索的民族志"（Tobin, Wu, & Davidson, 1989）。这种访谈的目的在于跳出分析者的他者视角，探寻当事人对事件的本土理解和意义建构，而视频的辅助会更有助于唤起当事人的感受与认知，促进讨论的开展。在进行这种访谈时，可以请当事人随时暂停视频播放，然后讨论他们自己觉得有意思的现象。埃里克松认为，这一工作可以放在细致的转录（即第三步）之前，从而避免分析者以他者视角过早地陷入互动的细节中去。

第六步：检验片段案例的代表性或非代表性。这种检验有多种方法。第一种方法是更广泛、更系统地编码，这也是质性研究的传统做法（如扎根理论和内容分析）。第二种方法是对照自己在第一个步骤里所记的笔记，乃至在数据采集阶段的田野笔记，检查自己对事件的现有理解和之前有哪些异同。第三种方法是将某个特定的、已经做过细致分析的片段与其他同等属性或相反属性的片段进行比较。例如，我关注的是由学生引发的争论；通过细致分析三个由学生引发的争论片段，我发现这种争论一般都遵循"A-B-C"的结构。那么，为了检验这个"A-B-C"是否有代表性，我必须考察其他的由学生引发的争论是否也遵循"A-B-C"的结构，我还要考察由教师引发的争论是否不遵循

"A-B-C"的结构。惟有如此，我的结论才具有"内在的外部效度"，即在整个数据的范围内都站得住脚。埃里克松强调，话语和互动研究（或更宽泛地说，质性研究）不但应该让读者看到树木的细节，也应该让他们看到森林的全貌，还应该让他们看到某棵树木和整片森林之间的关系。至于研究的外在效度（即可推广性），埃里克松认为，就质性研究而言，对可推广性的判断权应该在读者一边，而不在研究者一边。研究者要做的是对自己的研究情境、研究过程、案例分析、代表性检验以及自身的立场与反思做尽可能细致的深描，以便读者在看到这一研究后，有足够的信息对"彼时彼地的研究结果是否能够推广至此时此地的情境"做出自己的判断（Erickson, 1986, 2004）。

结语

2011 年春季的一个下午，洛杉矶阳光灿烂，洛杉矶加州大学教育学院所在的摩尔堂（Moore Hall）一楼北侧的一间小教室里，埃里克松的研究生课程"课堂话语分析"正在进行。这是他从乔治·内勒（George F. Kneller）教育人类学讲席教授的职位上荣休之前，开设的最后一门课。不同肤色、不同国籍、不同年龄的二三十学生围坐在他的周围，认真地听着这位课堂研究的"活百科全书"讲述课堂话语的理论与分析方法。

那天下午的课程主题是课堂话语与社会关系。为了让大家深入理解话语和社会关系建构之间的联系，埃里克松播放了一小段视频。这段视频摄于 1960 年代末期，是他在西北大学最初涉足课堂话语与互动时的课题数据。囿于当时的录像技术，视频的图像模糊不清，声音也杂乱难辨。埃里克松一边反复地播放，一边解释道，这是一个社区学院的黑人学生和学校心理咨询顾问之间的一段对话。这位学生想在毕业后从事心理咨询工作，但并无相关的学业背景，只有不相关的体育特长。于是，他向这个咨询师求教，希望能够得到专业的指点。只见这个咨询师低头翻了翻材料（估计是学生的档案或简历一类），很不经意地轻叹了一口气（类似于我们平时做出回应之前的"呃……"，只不过句末有清音的吐气），然后说："是这样的，你首先需要拿一个本州的咨询师认证，并且需要一个硕士学位，然后还需要……"在这整段话的末句结尾处，咨询师又有一丝不大明显的连着语句顺带而出的笑声。之后，学生的表情明显起了变化，他一声不吭地站起来，然后走出了镜头之外。

这时，埃里克松停住视频，告诉我们，接下来发生的事情是，这个黑人学生说什么也不肯继续对话了，只是一直反复地说："他侮辱了我，他侮辱了我……"教室里沉默了一会儿，埃里克松又向大家问道："你们知道这个侮辱是怎么发生的吗？"我们都回答说，应该是那声叹气和那丝笑声。他说："是的，而更关键的是，当我们事后再访谈这个咨询师时，他根本不知道自己有什么地方冒犯了这位学生。在与他一起回顾录像的过程中，他才第一次发现自己原来有那个叹气和那个笑声，而他之前是完全没有意识到的。"又是一阵沉默，埃里克松继续说道："在我整个民族志研究生涯里，这样的不经意无数次地出现；如今，距离这个视频的拍摄时间已经有四十年过去了，但这样的——我想称其为体制化的——种族歧视（institutionalized racism）仍然每天在发生着；我四十多年的工作即将结束，但我悲哀地发现，我的努力是失败的，我没有改变这个现实，没有改变哪怕一点点……"

教室里是长久地沉默，异常安静。埃里克松继续说道："现在只能靠你们了，这条路该由你们接着走下去了……"说到这儿，这位年迈的教授，这个从西北大学、哈佛大学、密歇根州立大学、宾夕法尼亚大学到洛杉矶加州大学一路叱咤风云的学术巨擘，这个从音乐学转到人类学又转到心理学和教育学的天才，这个我们眼中的大明星、幽默而慈祥的老人，竟然低下头，哭了起来。或许没有人遇见过这样的情形，大家都不敢出声，只是怔怔地望着他。他埋着头，左手很不自然地轻轻抚着身旁的投影机，似乎是想抹平他那起皱的情绪。大概过了十五秒，他擦了擦脸颊，抬起头，继续给我们上课，就像这一切未曾发生。在 2011 年春季的那个学期，埃里克松曾在谈到从前的一段学界八卦时仰天大笑，曾经为了展示一段师生对话中的音乐性而站起来做激昂的指挥，曾经铺开五六米长的卷轴，手舞足蹈地展示他年轻时候做的多模态转录材料。他始终充满着活力。但在那一刻，他看上去无比衰老。

2017 年的初秋，埃里克松在网络电话里接受我的访谈。其中的一个访谈问题是，"你对年轻的课堂互动研究者有什么建议"。依照我对他的了解，我猜想他会呼吁研究者对社会公正问题倾注更多的关切，保有更多的自觉。但是，他没有提到这一点，而给出了三个另外的建议。第一，尽可能地模仿好的研究。他提到自己 1982 年访问中国，参观北京的一所京剧学校，对那儿的教学方式印象极其深刻——学徒制、一对一手把手的演示，以及反复的模仿。第二，更多地关注具身的行为，包括手势、眼神，也包括聆听一方的举动，而不仅仅关注话语，更不仅仅在乎说话的一方。他认为自己的研究和同领域其他人的研究的一大区别，就在于他更加关注互动的"微观生态"，创造性地将"听"也视为互动的一种主动参与，而这种视角极大地丰富了他的研究。第三——他最后意味深长地说道——"坚持下去"（stick to your guns）。

另外的一个非常重要的事情是，非常重要的是，人们应该做他们想做的，要坚持下去，不要让别人来告诉你……如果你觉得某件事情是有道理的，是应该做的，那就坚持做下去。你不知道事情将来会不会实现，但如果你不坚持做下去的话，那当然就不会……如果你因为别人而退缩的话。你不会想要这样做的。

我不知道他是真的恢复了乐观，还是不愿让我——一个年轻的、异国的研究者——"因为别人而退缩"。但那一刻，埃里克松似乎比六年前还要年轻。

第四章

互动中的语言、知识与文化

　　有效的实践存在于这样的情境中：在这种情境
里，多样的文化、话语和知识都向所有的课堂参与
者敞开，因此变成学习的中介资源。

　　——克丽丝·古铁雷斯（Kris D. Gutiérrez）
（1995:467）

第一节　联结文化、教育与社会公正 ①

2010 年 5 月 2 日的丹佛市，第 94 届美国教育研究年会正在举行。这天上午的科罗拉多会议中心科贝尔大厅里，听众们正在聆听一场题为"利用我们所知道的：21 世纪的读写素养议程"的专场报告。报告人之一是西北大学教授、美国教育研究协会主席卡萝尔·李。她将在当天下午发表主席演说。而这场专场报告的主持人则是科罗拉多大学教授克丽丝·古铁雷斯，她将在李发表演说之后，接任她的职位，成为美国教育研究协会的新任主席。古铁雷斯和李都是美国教育研究界的泰斗，而她们的研究领域和贡献也极其类似：在课堂层面探索语言、互动与教学的文化向度，探索教育之于社会公正的意义。

时光倒回六十年前，亚利桑那州凤凰城东面九十英里外的沙漠里，有一个以采铜为主业的小城镇——迈阿密。在镇上的公立图书馆里，一对父女正在看书。这位父亲是当地铜矿上的普通工人，同时也在为一份本地报纸上的专栏撰稿。他是第二代墨西哥裔美国移民，同时也是一位二战老兵。在名为"美国主义"的专栏里，他一直为老兵的权益大声疾

---

① 本节的写作参考了以下资料：Castillo, 2015; Gutiérrez, 2016; Lee, 2010; Peterson, 2009; Turner, 1996。

呼，主张通过教育重建美国人的爱国精神。他的女儿古铁雷斯虽然刚上小学，但由于能够熟练地读写英语和西班牙语，便常常为父亲的文章出谋划策，甚至直接为其润色与修改。不仅如此，古铁雷斯在家里也是一个"翻译官"——因为她的曾祖母不会说英语，三四岁的古铁雷斯常常充当曾祖母的翻译。也正是因为这样的双重语言能力，小小的古铁雷斯被获准加入家族长辈们的日常交往中，因为有些词汇必须经由古铁雷斯来翻译与解释。

而在学校里，古铁雷斯却遭到了截然相反的待遇。学校要求学生必须且仅能说英语，任何其他外语都被严令禁止。古铁雷斯流利的西班牙语在学校里不但不被认为是一种有价值的才能，而且如果她不小心说了这种语言，还会受到被巨大木板拍打的惩罚。这是 1950 年代的亚利桑那州。2010 年，第一代中国移民黄西在美国记者年会表演的脱口秀里，也以反讽的方式讲述他对儿子的要求："如果你在公共场合不说英文，就滚回家去！"——在家里可以说中文。黄西的表演引发了全场的欢笑，而六十年前的古铁雷斯所遭遇的却是真真切切的苦恼：为什么同样的东西，在家里是优势、财富，被大家所赞赏和珍视，而在学校里却变成了缺点，人人都唯恐避而不及？如何将不同的语言与文化资源带入教育之中，从而让处于边缘和弱势的人群或族裔也能享受"美国主义"式的梦想与荣光？由于在这个问题上的深入探索与巨大贡献，这位昔日的小小"家庭翻译官"——克丽丝·D·古铁雷斯——在 2008 年成为了美国首位非裔总统巴拉克·奥巴马的教育政策过渡工作团队成员。

古铁雷斯对这个问题的回答可以笼统地概括为一个词——"第三空间"。她认为在官方教育系统（如只允许说英语的学校）和本土文化源流（如西班牙语和英语夹杂的家庭）之间，还存在一个"第三空间"——正统与民间、单一与异质、压迫与被压迫交汇的空间。在这个空间里，教师和学生可以利用各种文化资源，促进教与学的过程。这一回答看似简单，可古铁雷斯的学术探索却并不容易。1982年从亚利桑那州立大学硕士毕业后，她成为了一名写作辅导老师，专门帮助母语非英语的少数族裔大学生或低收入家庭出身的白人移民学生提高英语写作能力。当时，读写素养的研究文献仍然以"缺陷"的视角看待这些学生，认为他们的英文写作困难是一种智商或能力上的缺陷，而对他们在母语领域驾轻就熟的语言运用视而不见。不仅如此，当时的大学管理层还以双重标准对待这些学生：哪怕他们取得了很大的进步，他们的考试成绩却还是另行单列，没有资格与正常的学生相比较。作为一个普通的教育工作者，尽管古铁雷斯多次抗议这种不公正的对待，甚至参与了示威活动，但依然收效甚微。1987年，在科罗拉多大学获得了英语文学博士后，古铁雷斯发现一切如故。事实上，从本科到博士一直身处英语系的她，通常都是全系唯一的一个墨西哥裔学生——其他的墨西哥裔学生并不是语言能力不如她，只不过没有她这么幸运，而被官方的教育系统排斥在外、早早地出局了。

1988年，古铁雷斯来到洛杉矶加州大学，从事博士后研究。在那里，她结识了埃里克松，并在语言学系、人类学系、心理学系旁听了埃莉诺·奥克斯（Elinor Ochs）、亚历山德罗·杜兰蒂（Alessandro Duranti）、汤姆·韦斯纳（Tom Weisner）等名家的课程。她第一次接触到话语分析和互动分析的方法。这些方法为她打开了一个新的天地，她开始重新审视自己的经历以及曾经目睹过的他人遭遇，并尝试在课堂内部探索语言、文化与学习的奥秘。在八十年代末九十年代初，她在洛杉矶四个不同学区的小学做了为期三年的民族志研究。在这些学校里，她关注以西班牙语为母语的拉丁裔学生是如何习得英文写作能力的。具体来说，她考察英文课的教学情境是怎样在师生互动中建构起来的，而这种情境又如何影响了教学过程和学生的学习，尤其是作为少数族裔的拉丁裔（包括墨西哥裔）学生的学习过程与结果。1995 年，她在《哈佛教育评论》上发表了《课堂中的剧本、对立剧本与地下生活》一文。这篇文章后来成为课堂互动研究领域的经典作品，也奠定了古铁雷斯在课堂互动研究与文化研究领域的地位。

同样在 1995 年，另一位年满 50 岁，却刚刚拿到博士学位不久的研究者也发表了与其博士论文同名的成名作。这篇发表在《黑人心理学杂志》上的论文题为《作为文学阐释之支架的"意指"》，它的作者是一位非裔美国女性，名叫卡萝尔·李。

1945 年，李出生于芝加哥。虽然自幼内向，李却一直希望当一名教师。她的家庭里没有任何人从事过教师职业，她也不知道这一愿望从何而来。但她很清楚地记得，小时候的她常常放学回家后，就一个人假扮成老师，给一个想象出来的班级布置作业，她甚至还会扮成这些假想出来的学生角色，完成自己布置的作业，然后又扮回老师，批改这些作业。和许许多多出生在黑人家庭的孩子一样，李的童年也在无休止的迁徙中度过——她的父母很难找到稳定的工作，面临着一次又一次的失业危机，而每一次临时工作的变更，也就意味着李的转学。

1962 年，米恩和埃里克松正在各自的大学阶段，李也离开了芝加哥，去伊利诺伊卫斯理安大学——一所由联合卫理公会资助的小型文理学院——开始了大学生活。可是，还没到几个月，她就惊讶地发现，整个校园里加上她一共就十来个非裔学生。这样的"特殊"地位让她非常不适应。不久之后，她回家偶然经过位于厄巴纳的伊利诺伊大学，她发现这儿的非裔学生有百余人。很快，她就转学到了这里，并于1966年拿到了本科学位。毕业后，李回到芝加哥，在一所高中担任英文教师，并在1969年拿到了芝加哥大学英语系的硕士学位。这样的人生轨迹似乎完全遵循着李儿时的愿望。然而，正如她本人所说，影响她人生的更多是她"自己所处的历史时机"。六十年代末和七十年代初正是美国民权运动的鼎盛时期，而李正是"这个时代的孩子"（Peterson, 2009）。1969年，李与她后来的丈夫——一位黑人艺术运动中的杰出诗人——一起参与创办了"正向教育研究所"（Institute of Positive Education），投身于当时轰轰烈烈的社会运动之中。自1972年开始，借由这一机构，李一手创办了数所学校，致力于提高非裔儿童的教育权利，并通过设计课程，让这些孩子有机会在学校里接触到非洲文化——重新回到他们自己的文化源泉。

与古铁雷斯一样，李自己的身份让她对少数族裔所面临的不公正待遇有着切身的体会，而她的工作经历也让她进一步意识到少数族裔在教育系统中被"测量"出来的能力和他们的真实能力之间存在巨大的落差。或许是这种体会与意识，驱使李在工作十余年之后，重新回到学术界，在芝加哥大学教育系攻读博士学位。1991年，她获得课程与教学论方向的博士学位，并在西北大学教育与社会政策学院担任教职至今。她不再需要假想自己是个教师，也不再需要在脑海中虚构一个班级，她真实的学生——无论是在她创办的学校里、在西北大学的校园里、在国家教育研究院、美国教育研究协会等政府和学术机构里，还是更多曾经被她的论著所触动和影响过的人——早已遍布世界各地，数不胜数。

　　本章将借由李和古铁雷斯的研究，呈现课堂互动的文化向度。但是，在讲述她们之前，我们要首先关注另一位学者——斯坦福大学荣休教授、语言人类学家雪莉·布赖斯·希思。虽然希思的大部分研究和课堂并没有直接的关系，但这些研究却极大地影响了课堂互动研究乃至教育研究，也影响了李和古铁雷斯的视角与取径。值得玩味的是，希思、李和古铁雷斯三人，一个是白人，一个是非裔，一个是墨西哥裔，而她们的研究不约而同地指向了语言、文化、教育与社会公正的问题。

第二节　希思：语言发展的文化因素

　　希思的研究关注儿童的语言发展。当时主流的认知心理学研究已经发展出来许多理论解释儿童语言发展、尤其是读写素养发展的区别。这些理论大多有着某种二元对立的结构，例如"分析为主"与"关系为主"的对立、"场依存"与"场独立"的对立，等等。与这些心理学取径不同，希思并不那么关心二元的认知结构或倾向。她更关心的问题是，这些不同的发展轨迹是如何形成的？例如，如果"分析为主"和"关系为主"的对立真实存在的话，为什么儿童会有这两种不同的语言发展模式？希思用人类学的方式探索这些问题。在 1980 年代以来的一系列论文，包括 1983 年出版的代表作《言词的方式》中，希思对美国东南部的三个社区进行了深入的民族志研究，分别是代表主流社会的中产阶级白人社区、阿巴拉契亚山脉的白人工人阶级社区，以及地处农村的黑人工人阶级社区。她发现，这三个社区在家庭教养和学校教育方式上有很大的区别。

　　在希思的研究中，中产阶级白人的社区被化名为"主镇"（Maintown）。这个社区的家庭都有"睡前故事"的传统。从子女很小的时候开始，父母就会在他们睡觉之前，在床头与他们一起阅读故事书。在阅读过程中，父母不仅会朗读文字，还会指着书本上的图画，问子女许多问题。例如，父母常常会指着书上的动物问道："这是什么呀？"子女则回答："小羊。"等子女长大了一点，父母的问题会越来越复杂，并且往往会要求孩子对某一情境展开想象。例如，父母会先讲述一段故事，然后问子女："你觉得小王子伤不伤心呀？"子女回答："伤心。"父母接着问道："你为什么觉得他会伤心呢？"子女又回答道："他可能找不到妈妈了。"诸如此类。

白人工人阶级社区的家庭教养有许多不同之处。在这个四代居民以纺织为生、在希思的研究里化名为"路村"（Roadville）的社区，睡前故事同样是父母和子女的常规互动方式。然而，他们的互动方式和中产阶级白人家庭很不一样。第一，他们读的书更多地是教儿童认识字母、数字或者日常物件（如桌椅、杯子、苹果等）的绘本。第二，子女很少有参与阅读的机会。父母往往会认为自己是"教授"的一方，而子女需要做的则是安静地听与"学习"；在简单回应之外，如果子女还有更多的言语互动，则会被父母打断。第三，父母的故事讲述完全忠实于原文，每个词、每句话都和书本上的样子一致，而任何引申、改动、想象都被认为是错误的、不应有的行为。下文的例子反映出这三个特点：

表 4-1（改编自 Heath, 1982:58-59）

01 父母：	你看到这本书上的狗狗了吗？看到了没？你还记得这本书是讲什么的吗？狗狗在做什么？
02 子女：	呃，是。
03 父母：	狗狗看到了蚂蚁。它是个小东西。你看到蚂蚁了吗？狗狗有个小球。

04 子女：	蚂蚁咬了狗狗。
05 父母：	不，蚂蚁没有咬狗狗，狗狗想和蚂蚁玩，喏，看到了没？
06 子女：	读这本书。
07 父母：	好，我们来读这本书。这是一本字母书，你看这个 A，看到 A 了吗？这是 A。你自己来找找 A。
08 子女：	这里有个 A。[指着毛毯上的一个破洞] 这儿还有一个洞。
09 父母：	不，别这么做。你找球球吧，喏，这儿有个球球。

在这段互动中，父母给子女读的是动物书和字母书，这些书的每一页都画着一个单独的、脱离具体情境的物件，例如一只狗、一只蚂蚁、字母 A 等等。在阅读过程中，父母向子女提出的问题都是"这是什么"的问题，而没有给子女任何进一步思考、解释、推理的空间。并且，当子女"即兴发挥"的时候（08），虽然这些发挥也含有词汇的运用（例如"洞"），但父母并不觉得这是合适的、值得鼓励的行为，而是打断他们，命令他们回到书本既定的内容上来。

在希思的研究里化名为"道屯"（Trackton）的社区是一个非裔美国人社区。这个社区的环境与前述的两个社区完全不同。首先，从物理环境上说，这个社区几乎见不到专属于婴儿的物件：没有摇篮、没有婴儿床、没有婴儿椅……从出生开始，婴儿一般都是被成人抱在手里，或者用布带绑在身上；当成人从事劳动或其他事务时，这些婴儿也与他们在一起。其次，从社交环境上说，这个社区的文化里并没有"睡前故事"这样专属于亲子互动的活动，也就是说，父母很少专门与子女互动。当白人家庭的父母经常有指向性地和他们的子女说话时，黑人家庭的父母却在忙各自的事情，而他们子女耳边环绕的是各种各样的成人世界的言语：如何耕种、何时做菜、家长里短，等等。当这些婴儿发出"啊啊"的声音时，父母并不认为这是一种原初的社交信号，而是一种噪音；他们也并不认为自己需要去解读与回应婴儿的需求，而是觉得他们自然而然就会成长，就会习得他们应该习得的技能，包括语言。这些儿童也没有自己的玩具，他们玩的都是一些家里的日常用品，如塑料瓶、勺子等；只有在圣诞节期间，他们才有可能会收到一些真正的玩具，如球类、布娃娃、小玩具车等；但是无论平日还是过节，他们都很少收到书籍、积木、拼字游戏等礼物，而这些正是白人中产阶级家庭里常见的儿童用品。随着婴儿渐渐成长，他们逐渐模仿和重复成人之间的对话，也就逐渐习得一些词汇和句子。可以说，他们的语言发展并不是在"亲子"互动中发生的，而是在"旁听"中发生的。在这样的环境里，父母很少向子女提出"明知故问"的问题；他们的问题往往是自己真的不知道答案的问题，例如"你刚才去哪儿了"、"你从哪儿捡回来这个的"、"你为什么要这么做"，等等。

希思指出，这三个社区在家庭环境与教养上的不同方式，和这些社区里的孩子在学校里的不同表现和遭遇是密不可分的（Heath, 1980, 1982, 1983）。在小学低年级，"是什么"的问题非常普遍，所以以路村为代表的白人工人阶级的儿童在回答这些问题上占据优势——他们在家庭互动里早已习惯了这样的问答模式。然而，随着年龄和学段的增长，"是什么"不再被认为是一个有教育意义的问题，而"为什么"的问题越来越多。这时，白人工人阶级的儿童就没那么应答自如了。他们的父母很少问他们"为什么"，因此他们也不适应、甚至很少想过"为什么"

的问题。相反，在以主镇为代表的白人中产阶级社区里，儿童从小就面对"为什么"的问题，他们对某事物做出解释的能力更胜一筹。此外，高年级的学校教育还需要学生回答"你怎么看待这件事情"的问题，也就是说，学生还需要对事件做出评论。白人中产阶级的儿童对此同样更加得心应手。最后，学校里的语言教育经常需要儿童对某个事件或情节做出自己的想象（例如改编某个故事，或者回答"如果当时 X 没有做 Y 事，情况会怎样"的问题），而白人工人阶级的儿童是没有接触过此类问题的——这种思考在他们的社区里被认为是不应当做的事情。对于以道屯为代表的黑人工人阶级社区来说，情况就更为严峻。首先，在主流学校教育里，I-R-E 被认为是最基础、最根本的课堂互动模式，正常的学生应该掌握这种模式。然而，道屯里的儿童在养育的环境里并没有接触过这样的互动模式。如前所述，成人的"明知故问"（如指着书上的一个动物问"这是什么呀"）在白人社区——无论是中产阶级还是工人阶级——都是很普遍、很寻常的事情，而黑人社区里并没有这种模式的互动。换句话说，他们根本没有办法理解诸如"这是什么字母"这样明显不成问题的问题。其次，学校教育里存在的大量"是什么样子"的问题——那些需要学生通过绘本上给出的物体，描述其实物的大小、形状、颜色、数量等属性的问题——也让他们无所适从。这些儿童无法理解为什么这些二维平面上的图画，和真实世界里的三维物体是存在一一对应的关系的。他们从小玩耍的是实物，而不是绘本上的图画。从小学低年级开始，这些黑人儿童的读写成绩就明显地低于白人儿童，尤其是低于白人中产阶级家庭的儿童。总而言之，在学校教育的读写能力方面，在白人中产阶级家庭里长大的儿童完胜，而这与他们的家庭教养方式乃至社区文化是密不可分的。

通过这种比较性的民族志研究，希思挑战当时主流的心理学观点。她指出，诸如"场依存""场独立"之类的概念虽然有一定的解释力，但并没有抓住问题的本质。白人儿童和黑人儿童在读写能力方面的表现差异，并不是个人认知发展层面的差异，而是家庭环境、教养方式、亲子互动模式上的差异——或者毋宁说，是文化差异。在非裔美国人的文化里，真实世界与图画世界的关联原本就不那么理所应当，而肢体语言的力量又胜过文字。或者用希思的话来说，"孤立的纸面文字在他们的世界里几乎没有权威性"（Heath, 1982:70）。而非裔美国人文化中独有的隐喻——那种在看似毫不相关的事件之间建立象征性关联的能力——既不是学校所教授的，也不是学校所欣赏的。反过来说，白人中产阶级社区的家庭教养方式与学校教育方式更加合拍，在这种社区长大的儿童也自然就更加适应学校教育；他们从小被家庭所培养起来的那些品质——对问题做出回答、解释自己的思维、自主的创造——恰恰也是学校所赞赏的品质。如此一来，不同种族、不同阶级的儿童在学校教育中的能力差异，就并非他们的个体差异，更不是源自他们与生俱来的某种基因差异，而是出于他们的文化差异。尽管希思很少直接研究课堂内部的话语和互动，但她的研究却深刻地影响了后来的研究。在她之后，许多学者都从文化的角度研究课堂话语和互动，产出了极有理论价值的成果，其中两个最为耀眼的学者就是卡萝尔·李和克丽丝·古铁雷斯。

第三节　李：文化模范理论

上一节提到，在看似毫不相关的事件之间建立象征性关联是非裔美国文化的重要部分。这一能力在主流的学校情境里并未受到重视，也没有被纳入到学校教育的评价体系之中。李的学术生涯始于对这一文化传统的关注。具体来说，她的研究尝试在语言层面建立非裔美国文化与学校教育之间的关联。

李的早期研究关注非裔美式英语中的一种特殊形式：意指（signifying）①。意指是非裔美国文化中的一种特别的话语实践。这种话语通过在语言的喻体和本体之间建立间接关系的方式，实现一系列的修辞目的或情绪表达，例如羞辱、嘲笑、支持、反讽、夸张、赞美等。由于根植于非裔美国文化之中，并且对正统英语的词汇、句法、语法等既定规则有所改动，所以意指往往被主流社会视为一种"未受教育"的语言使用方式，是低等的、有缺陷的、乃至错误的话语实践。与此相反，李却指出，意指所需要的能力恰恰与语言教育中的文本阅读理解所要求的能力相对应。关于这一点，李写道：

---

① 也有中文学界的文学或语言学研究将其翻译为"喻指"。

意指要求交谈者快速处理对话旨在表达的含义，它通常是隐喻或讽刺的，或二者同时并存。要实现这样的快速处理，学生不仅需要知道这种话语的目的与仪式，还要在社交方面了解这一对话所涉及的人（一个人不会和陌生人用意指的方式说话）。这种知识正好对应于专业读者对小说文本进行文学阐释所需的知识：对文体的了解、对文本所使用的文学传统的了解、对作者的了解、对文本所展现出的社会世界的了解。（Lee, 1995b:360-361）

这样一来，意指就与诸多高阶思维能力有了密切的关联。能够理解并熟练地使用意指的人必须具有类比思维，能够在看似不相关的事件和人物之间建立联系，观察语言中不同寻常的词汇或句法，从而发现意指的隐喻或暗讽（Lee, 1995b）。或者用互动社会语言学的术语来说，意指需要使用者熟知相关的"情境化线索"——不但包括文字的用法，还包括对文体本身的知晓，对使用时的情境的理解，以及对互动参与者的了解，等等。

为了探索这种作为文化与语言特征的意指话语能否发挥学习资源的作用，促进学生对文学文本的阐释能力，李在两个生源几乎全部为非裔美国学生的高中进行了教学实验（Lee, 1993, 1995a, 1995b）。在为期六周的实验里，学生们阅读与讨论包含意指的文学作品。在实验之初，他们首先阅读三段意指的文本片段，并在小组中讨论这些片段中的意指形式与功能。李发现，这些在标准考试中学业成就较低的学生能够很轻松地进行阅读理解，也就是说，他们能够理解根植于自己的文化与语言的文本。难处在于，他们很难表述自己是怎样理解的。换言之，他们"知其然"，却不"知其所以然"。因此，小组讨论的目标便是发展一套判断标准，让学生们能够依据显性的标准，判断文本中的意指用法。在接下来的学习过程中，他们集体阅读了黑人作家托尼·凯德·班巴拉（Toni Cade Bambara）、卓拉·尼尔·赫斯特（Zora Neale Hurston）、艾莉丝·沃克（Alice Walker）的小说。在小说中，他们识别和描述意指的使用；更重要的是，他们必须用文本中的证据去支持自己的判断和阐释。李归纳了这一教学方式的特征（Lee, 1995b:366）：

- 以小组讨论为基础；

- 针对学生自己提出的问题进行讨论；

- 建立何种段落值得进行深入分析的评判标准；

- 阅读、谈论与思考意指；

- 关注文本中那些可能与小说主题和关键关系相关的言谈（通常表现为一种象征性的语言），无论是出自角色还是叙述者之口；

- 强调全班或小组讨论中学生对自己阐释的辩护，这种辩护必须基于文本，也需要基于来自日常生活的知识；

- 在口头与书面语言中，强调对观点之依据的详细表述。

上述教学有颇多"不足为奇"之处，例如以小组讨论为基础，重视学生自己提出的问题，强调辩护、论证与说明，等等。这些方式都是所有指向深度学习的教学所需要的（Engle & Conant, 2002）。但是，这种教学有一个非常特殊而又极其重要的特征：尊重并利用学生的本土文化和语言资源。我们可以做这样的类比想象：当我们自己班上的学生说某种家乡俚语的时候，我们作为教师的第一反应是阻止他们使用这样的语言；当我们发现学生在读某本以非主流语言所撰写的书（例如满篇"二次元"语言和"火星文"的网络小说）时，我们的第一反应是没收这样的书。倘若这种语言还充斥着低俗的、不堪入目的、带有辱骂乃至淫秽意味的字眼，那更是罪大恶极，必须严加禁止。但是，此处的"低俗"、"不堪入目"、"辱骂"与"淫秽"都是以我们的视角所见，是被主流文化所规定的"正确"所不容的，而并非以学生自己的亚文化规范所确定[①]。回到李的研究情境中来，非裔美式英语的"非主流"是对应于盎格鲁传统的白人英语而言的；在非裔美国文化里，意指才是正常的交流方式，而白人英语是"非主流"。希思已经告诉我们，非裔美国学生的低学业成就并不能完全归因于他们自身的智力、动机与能力，而是主流学校教育所规定的"知识"和他们的文化传统及实践不符，也与他们在学校之外的日常生活世界相距太远（Heath, 1983）。不仅如此，主流学校教育还拒斥他们的文化与语言，认为这些实践是需要"被教育"的，从而使得他们的学习动机更加低下。基于文化历史活动理论，李却强调学生所带入课堂的本土文化与语言资源的价值，呼吁利用这些资源来进行教学。她将这种思路称为"文化模范"（cultural modeling），即认为非裔美式英语——作为一种"方言"——为学生的语言与文字素养提供了丰富的资源和有力的支架，而不是一种需要被克服或纠正的缺陷（Lee, 2001, 2003）。

李在 2004 年的一篇论文里阐述了这种教学是如何具体呈现在课堂话语中的。这项研究同样发生在一个生源全部是非裔美国学生、其中69% 来自低收入家庭的城区高中，其毕业率只有 65%（州平均毕业率

[①] 甚至"充斥"、"亚文化"等字眼，都要加上引号，因为它已经暗含了负面的价值判断。

为 80%），而学生在阅读方面的学业成就也远远低于州平均水平。李曾经在这所学校亲自担任英文课的教师，与其他同事一起探索基于文化模范理论的教学（Lee, 2001）。这样的经历使得她不但熟悉学校的历史与文化背景，也熟悉她所研究的教师与学生。在这个案例里，师生一起观看了一部名为《萨克斯，灵歌领唱者，重复调》（*Sax, Cantor, Riff*）的短片，由著名非裔女性导演朱莉·达什（Julie Dash）执导①。这部短片时长不到六分钟，讲述的是纽约地铁里的一个故事。集体观看短片后，作为任课教师的李引导学生讨论短片的含义。以下转录呈现了当时课堂对话的一部分。

表 4-2（Lee, 2004:142–144）

01 教师：	这首歌对教堂站所代表的"这个世界的困扰"有没有什么影响？
02 学生 D：	有。
03 教师：	所以，你觉得朱莉·达什可能是想要表达什么？
04 学生 SH：	我知道那个"唱歌的"女孩吸引了那些女孩的注意力。
05 学生 D	而且她能吸引所有人的注意力，而且可能她能改变那个偷杂志的人。她们可能想知道她在唱什么。
06 学生 SH：	当她开始唱的时候，那些原本在大喊大叫的人还以为她疯了。
07 教师：	所以这个女孩对其他女孩来说有什么样的力量？你们觉得是什么给了她这种力量？
08 学生 D：	她是从心里唱出来的，而且她妈妈病了。
09 学生 CT：	她们能感觉到。

---

① 这部短片来自电影《地铁故事》（*Subway Stories*）。

10 教师:	你们觉得那些女孩为什么能感觉到那首歌？你们以前听到过那首歌吗？
11 学生 SH:	她是从心里唱出来的，你知道。
12 教师:	如果她是在唱任意一首老歌，也是从心里唱出来的，你觉得还会有那样的效果吗？
13 学生 K:	不会了，她对这首歌有信念。
14 教师:	她有信念。她肯定对这首歌有某些强烈的情感。这首歌有什么渊源吗？她是当时临时现编的还是怎么？
15 学生 CT:	那是她妈妈最喜欢的歌，所以肯定是一首老歌。
16 学生 K:	她妈妈可能以前给她唱过这首歌，她的外婆以前给她妈妈唱过这首歌，她外婆的外婆以前又给她外婆唱过这首歌。
17 教师:	事实上，这首歌可能要追溯到什么时候？
18 学生 CT:	做奴隶的时候。
19 教师:	确实如此。那么地铁列车呢？和这些有什么关系吗？
20 学生 CT:	我觉得这代表……
21 学生 SH:	……她妈妈走了。
22 学生 K:	这列地铁在回家的路上。
23 教师:	这列地铁可能是象征着她妈妈的去世，就像列车在前行一样。你们都想得很深了。
24 学生 CT:	从灵魂上来说，她可能就在那列车上，看着她的女儿，就像……（他把自己的脸从一侧转向另一侧）
25 学生 K:	（带着感情地念诵）去了，我的宝贝。
26 学生 SH:	我不知道……就像那条围巾。
27 学生 K:	这就是那条围巾的意思。当她解下那条围巾的时候……

28 学生 D:	那条围巾代表了花什么的。就像有人死了，他们就在他的墓前摆上花什么的。
29 学生 K:	……地上的花，诸如此类的，而且它们在飘，然后突然围巾落下来，我没看到她解下过那条围巾。所以这有点问题。她应该让那个女孩解下围巾。
30 学生 CT:	这是一个很悲伤的关于地铁的小故事。我完全能感觉到，让我想哭什么的。（笑）

在这段对话里，师生讨论的目的在于阐释短片的含义，这与文本的阅读理解是一致的，都需要一系列复杂的高阶思维能力。在教师的引导下（01，03，07），学生不仅能够描述短片中的事件（04，06），还能够推测短片所没有直接交代的隐含意义（05）。在谈及女孩歌声的力量时，四个学生都提到女孩是"从心里"唱歌的，并且她对这首歌"有信念"（08，09，11，13）。李分析道，这些学生并没有强调歌词的含义，而是直接从女孩唱歌的方式中推断音乐的力量，这是一种非裔美国文化的典型特征，认为话语的力量不仅仅在于词句本身，还在于说话的方式（Lee，2004:136）。也就是说，这些学生在用自己的文化与语言阐释短片的意义，他们把这种本土的资源带入了课堂的学习活动中——亦即教师的"官方剧本"中。随后，学生们根据短片中已经明确交代的"这是她妈妈最喜欢的歌"，推测这应该是一首老歌（15），并且"她妈妈可能以前给她唱过这首歌，她的外婆以前给她妈妈唱过这首歌，她外婆的外婆以前又给她外婆唱过这首歌"（16）。这也是一种根植于非裔美国人族裔的文化信念，即母亲在家庭生活中是非常重要的，是传递知识、智慧、

信念、价值观的人。甚至有学生推测这首歌的渊源可以上溯至黑奴时代（18），这也是将自身的历史文化知识运用在阐释之中。接下来，教师引导学生阐释地铁列车的含义——在短片中段，当女孩唱至"我想见到我妈妈"一句时，列车进站，在女孩的身后飞驰而过。有学生说，这代表"她妈妈走了"（21）。另一个学生紧接着说"这列地铁在回家的路上"（22）。此处的"走了"（passing on）和"在回家的路上"（on its way home）也都是非裔美式英语中用来描述死亡的常用说法。在 23，教师首先用回音肯定了学生此前的回答，然后说"你们都想得很深了"（you all are getting deep）。李描述道，她在说"deep"一词时，把中间的元音拖得很长，这是非裔美式英语的发音方式。这一点非常重要，因为这代表了教师的回应——不仅仅是知识层面的回应（即"你们说得很对"），而且更是文化层面的回应（即"我理解你们的阐释"）。李本人用吉的话语身份认同理论（Gee, 1996）来解读自己当时的做法。而我认为，用互动社会语言学中的"符码转换"（code-switching）理论来解释或许更清楚。在此前的对话中，教师一直是用的标准英语，这可以被视为一种符码（code）；而当她从标准英语转为非裔美式英语时，这种符码的转换不仅标记着身份认同的变化，也是借由这一情境化线索，标记着一种情境的变化——课堂变得更加开放和多元，它赞许和鼓励学生继续将自己的文化与语言资源带入课堂学习中来。

在这一回应过后，学生之间有了长达 7 个连续话轮的对话（24-30），这也间接地体现出这种符码转换的鼓励作用。有学生进一步阐释列车的含义，认为列车不但象征了妈妈的去世，甚至就代表了妈妈本身，其飞驰而过的意象表达的是妈妈"看着她的女儿"的含义（24）。紧接着，有一位学生以玩笑的语调吟诵道："去了，我的宝贝。"请注意，这句话是以妈妈的视角说出来的，也就是说，作为文本的阐释者，这位学生转换了自己的视角，用剧中的间接人物的视角进入了阐释之中，这是文本阐释的一种重要能力。随后，又有学生主动提及围巾——另一个在短片中有明显象征意味的物件，认为围巾也与死亡相关联（26，27），并且运用日常生活中的经历（墓前摆花），指出围巾和花的意象是类似的，都有悼念亡人的含义（28）。值得注意的是，此后有学生指出他并没有看到唱歌的女孩解下过围巾，所以围巾飘落的镜头并不真实（29）；他所说的"她应该让那个女孩解下围巾"中的"她"是指的短片导演，即朱莉·达什。此处，作为阐释者的学生能够代入作者的视角，审视文本的逻辑一致性。这又是一种重要的文本阐释能力。

在这个课堂片段中，学生不但积极地参与到了阐释短片的活动中，还展现出了多样的高阶思维能力，对短片进行了详尽、深入、有理有据的解读。怎么回事呢？这些学生不是"差生"吗？不是阅读水平和学业成就都远远低于州平均水平吗？为什么会有这样的表现？原因至少有两个方面。一方面，学生所面对的学习任务和材料是出自自己的文化背景（由一位非裔美国导演所拍摄的反映非裔美国人日常生活的短片），这从教学伊始就调动了学生的学习动机，为其自信心（或曰自我效能感）做好了铺垫。另一方面，在学习过程中，教师不但不拒斥学生自己的文化与语言资源，还主动邀请和鼓励学生运用这些资源来帮助学习，甚至让这些资源成为学习的核心推动力，这进一步激活了学生已有的本土知识与能力。这样的课堂体现出了文化模范理论的巨大力量。值得注意的是，这样的教学并不意味着，只要任由学生的本土知识进入课堂，课堂就一定会富有成效。文化模范理论的关键在于，教师一定要首先找到学生的本土文化与学科知识的关联（如非裔美式英语和文本阐释之间的关联）。然后，教师须对学习目的、任务、情境、材料、过程做好详细的设计和充分的准备（Lee, 1993, 1995b）。唯有这样，课堂话语和互动才能一方面尊重学生的文化资源，另一方面导向有效的学习，而不至于让教师被学生牵着走，消解了教学的原有目的。

综上所述，主流文化的学校教育往往拒斥少数族裔或非主流群体的文化资源，使得非裔美国人群体的学生越来越边缘化，从而产生了"黑人天生学不好"的假象。而李的研究反其道而行之，从非裔美式英语入手，不但承认其语用价值，而且主动地引入"意指"这一核心的语言形式，将其作为重要的学习工具，与文学阐释这一学校教育活动中的高阶思维能力相对接，从而有效激活了非裔美国学生的语言文化资源，激发了他们的学习动机，最终提高了他们的学业成就。她的研究为"文化适应性教学"（culturally responsive pedagogy/teaching, CRP/CRT）的发展做出了重要的贡献，为指向社会公正的教育提供了杰出的范例（Gay, 2000; Lee, 2007）。

第四节　古铁雷斯："第三空间"

　　希思和李的研究都表明，不同文化背景的学生具有不同的语言背景，当他们来到受主流文化与语言统治的学校场域时，自身的文化传统及其资源会遭到拒斥，而教育不公正就会出现。怎么办？李认为应该利用少数族裔的语言文化背景，为他们创造恰当的学习环境，将他们的语言文化背景转化为有效的学习资源。几乎在同一时期，古铁雷斯的研究开始登上学术舞台，为这一问题提供了另一种可行的解决方案。

　　古铁雷斯早期研究的关键词是"剧本"（script）。它原本是一个戏剧术语，为戏剧中的角色规定了台词、表情、动作、情绪等一整套行为，也在不同角色之间预置了某种社会关系。在计算机领域，这个词又被称为"脚本"，它所指称的是一套已经预设好的计算机行为程序。古铁雷斯将"剧本"定义为一套由共同体成员（如一个班级里的师生、一个公司里的员工）在反复的互动中建构起来的"一套规范性的生活模式"；这种模式里包含着某些特定的社交与语言规范，因此是成员们"用以解释他人活动并指导自身参与的资源"（Gutiérrez, 1993:340）。并且，依照剧本，这些成员可以对共同体里的活动产生某种预测的倾向。例如，I-R-F 结构就可以被视为一个正常课堂里的常规剧本。它不是凭空出现的，或是某种法律所武断地规定的，而是在长时间的课堂文化实践中被无数师生共同建构并稳定下来的一种话语模式。并且，一旦这个结构成为剧本，它就具备了解释、指导与预测的功能：我们会把"教师说话—某个学生接着说话—然后教师又说话"的现象解读为 I-R-F；学生知道自己应该在教师的提问之后接以回答；我们会预测学生的回答之后应该会出现教师的反馈。古铁雷斯认为，剧本为师生提供了一个"学生该怎样做学生"、"教师该怎样做教师"的参照系[①]（Gutiérrez, 1993:340）。

古铁雷斯指出，课堂上存在三种剧本。外在于学校的社会已经有了自己的社会文化传统与政治框架，它预先规定了主流的知识、话语和价值，即"先验的剧本"（transcendent script）。先验的剧本在一定程度上影响着教师应如何做教师、如何教学、如何与学生相处，即"官方剧本"（official script）。大部分时候，课堂上的学生都是遵照教师的官方剧本在行动的，例如在教师讲课的时候听课、在教师提问之后回答、在教师安排小组讨论的时候与同伴讨论、在教师宣布下课后休息，等等。但也有一些时刻，学生不按官方剧本行动，亦即不按"学生该怎样当学生"的既有规范行动，如上课的时候开小差、说悄悄话、答非所问、顶撞教师、下课后在操场打架，等等。这些"非官方剧本"（unofficial script）——或者"对立剧本"（counterscript）——同样受到先验剧本的影响，因为开小差、打架等行为都不是某个或某群特定学生突发奇想的发明，而是社会上早已存在的实践。借用戈夫曼的概念，古铁雷斯将

[①] 用常人方法学的术语来说，对于教师、学生等特定的群体（ethno-），剧本提供了一套方法论（methodology），他们可以分别依据各自的方法论来"为人处事"。

这种与教师官方剧本对立行事的学生活动称为"地下生活"（underlife; Goffman, 1961）。

　　这三种剧本的概念为我们理解课堂话语提供了新的视角。举例来说，米恩和卡兹登认为 I-R-E 结构的稳定性在于教师引发的是答案已知的问题。在"分享时刻"这样的课堂活动中，由于教师引发的是答案未知的问题，所以教师和学生之间的信息不对等被打破了，I-R-E 结构也随之被打破，学生有机会占据更长时间的话轮时间，组织更精细的语言，做出有实质内容的回应，从而主导课堂话语。然而，这种活动真的有可能由学生主导吗？虽然打破了 I-R-E 结构，但"分享时刻"的话语仍然是依照教师的官方剧本进行的。比如，我们不大可能在课堂上听到这样的对话：

表 4-3

引发	回应	反馈
01 教师：小红，你上周末都干什么了呀？		
	02 小红：关你什么事？	
		03 教师：这倒也是，对不起，我不问了。

　　由此可见，I-R-E 也好，回音也好，甚或是学生独白也好，在本质上还是由教师所规定的官方剧本，以及由更宏观的社会文化所规定的先验剧本——在美国社会文化所规定的先验剧本里，一堂课最开始的几分钟里，请某几位学生分享个人经历是"有价值"的活动，而在中国社会

文化所规定的先验剧本里，这种活动就没有价值。并且，通过把先验剧本修改成自己课堂上的官方剧本，教师也有权决定什么活动是有价值的、什么知识是重要的、什么行为是适当的。更重要的是，这种官方剧本往往反映了教师所处的文化背景和社会阶层，因而弱化了学生的权力和地位。在 1995 年的一篇题为《课堂里的剧本、对立剧本与地下生活》的论文里，古铁雷斯通过一个课堂上的三个对话片段，阐述了这些剧本在现实课堂上的存在及其影响。这是一堂语言课，教师在进行一个例行的名为"新闻小测验"的问答活动：他拿着一叠卡片，上面记着当天的洛杉矶时报上的一些新闻事件信息，想考考学生是否知道这些信息。以下对话呈现了这个活动的开端。在这段转录文本中，粗体字是古铁雷斯本人的分析焦点所在，加下划线的斜体是我补充的分析焦点所在。

表 4–4（Gutiérrez, 1995:455–456）

01 教师：	我们为那些**跟得上这个世界**的人准备了一个新闻小测验。（1.2）
02 教师：	我这儿有一些，我先念一念。（1.2）
03 教师：	如果结束后*我*还有时间的话，我们再做一些*别的好玩的事情*。
04 教师：	嗯，就从**一些非常简单的**开始吧。（1.8）
05 教师：	这周，事实上就是前几天以来，**事实上就在今天的洛杉矶时报的头版上**，有很多……呃……在加州的佩塔卢马，有很多人很兴奋。他们在兴奋什么，在佩塔卢马？

从教师用以引发这一活动的第一句话（01）可见，这个活动"测

验"的是学生能否"跟得上这个世界"。古铁雷斯首先发问：这是谁的世界？从 05 可以看出，教师所指的不是一个普遍意义上的世界，而是一个特定的世界——由洛杉矶时报所记录的世界，甚至是由洛杉矶时报头版新闻所报道的世界。而所谓"跟得上这个世界"，其实就是指有日常读报的习惯。这是谁的习惯呢？这是美国中产阶级成人的习惯：每天清晨，邮递员将当日的报纸丢在各家各户的车道上；人们起床后，煮上咖啡，冲个醒神的澡，出门捡起报纸，回到家中，一边喝咖啡，一边吃早餐，一边看报纸，名曰"跟上这个世界"。但这是一个特定文化、阶层与年龄的日常实践。拉丁裔家庭的早晨可能不是这样的，劳动阶层家庭的早晨可能不是这样的，一个读小学的孩子的早晨更有可能不是这样的。此外，教师所认为的"非常简单"，就是指报纸的头版新闻，因为这是最醒目的、人们必然会首先阅读的版块。但同样，这只是身为中产阶级成人的教师的"简单"，而不一定是孩子的"简单"[①]。比如，对于学生来说，"非常简单"的、每个人都知道的信息可能在体育版、娱乐版、科技版……但不一定在头版；而这些对于学生而言"非常简单"的信息，可能是教师知之甚少的[②]。与此类似，何谓"好玩的事情"（03）也是由教师所决定的，而并不一定是学生也觉得好玩的事情。最后，

[①] 另举一例。对于成人来说，《读者》杂志里最醒目、最容易看到的可能是排在当期第一篇的文章。但对于孩子来说，最醒目的可能是"漫画与幽默"版块。（顺带一提，当我用这个例子时，我也是在默认读者都知道《读者》杂志，以及这本杂志中的"漫画与幽默"版块；并且，我也是在默认读者和我——一个二十世纪八十年代出生于中国城市家庭的独生子女——一样，知道"漫画与幽默"在《读者》杂志中的位置和文化含义。也就是说，身为作者的我在用自己的"剧本"来推测读者的"剧本"。）

[②] 与前注类似，我是用自己所处社会的"先验剧本"在推测古铁雷斯文中师生的"剧本"。可见，"剧本"的概念与我们的日常生活如影随形，以内隐的方式影响着我们的思与行。

"如果结束后我还有时间的话"（03）反映出教师对课堂的所有权：这是"我"的时间；"我"拥有你们的时间；现在的活动结束后，你们接下来的时间还是"我"的。

这场测验的后续对话也体现了教师的官方剧本对课堂话语的控制：

表 4-5（Gutiérrez, 1995:457-459）

01 学生：	是不是有个人进了监狱还是怎么的？	
02 教师：	不是？	
03 学生：	看看……	
04 教师：	怎么？	
05 学生：	是不是有个人被处决了还是怎么？	
06 教师：	不是。 （省略若干行）	
07 教师：	呃，萨拉？	
08 教师：	他们要在上面建房子？	
09 教师：	不是，我猜可能没人知道。 （省略若干行）	
10 教师：	不是。是有条鲸鱼，在河里。	
11 学生：	我知道这个。	
12 学生：	我知道这个。	
13 教师：	你们难道没有读到这条新闻吗？	

对于上述对话，古铁雷斯从三个方面进行了分析。首先，学生的前两次回答（01，05）都是当时确有其事的新闻。也就是说，从"新闻小测验"的角度来看，这两位学生可谓是"答对了"。但由于教师已经

（以非常武断的方式）预先设定了正确答案，所以他们的回答是错误的，遭致了教师的否定（02，06）。接着，当多名学生都没有答出正确答案时，教师说"我猜可能没人知道"（09），这是进一步宣示了自己对知识的所有权，从而再次确认了对话所依据的剧本是自己的官方剧本，而不是学生的非官方剧本。最后，教师终于公布正确答案（即在加州的佩塔卢马，人们在当地的河里发现了一条从海里游过来的鲸鱼，10），有学生随即应声说他们也知道这个新闻，这时，教师问道（13）："你们难道没有读到这条新闻吗？"这说明教师的关注点并不在于学生是否真的知道这一特定的新闻——选择这一新闻来进行"当下事件测验"原本就是一个武断的决定——而是他们是否有读报的习惯。所以，当学生"事后诸葛亮"式地表示对这一信息的知晓时，教师反问的是他们为何不是从报纸（而且还是本地大报的头版）上得知这一信息。联系到表4-4中的"跟上这个世界"，我们可以再次确认，课堂的官方剧本是教师建立在自己的文化、阶层与年龄的基础上的剧本，而与学生的生活世界相去甚远。而后者，根本没有进入课堂教学的视野。

在描述了"官方剧本"之后，古铁雷斯用同一堂课的随后一个片段呈现了学生的"对立剧本"。在这个片段中，教师继续用官方剧本询问学生是否了解布朗诉托皮卡教育局案（Brown v. Board of Education of Topeka）。和之前的片段一样，虽然这个事件在美国历史上具有极其重要的地位，是平权运动的里程碑，但这种视角仍然是承接了社会先验剧本的教师官方剧本，而与学生的文化、阶层和年龄有差距。也正因如此，学生也和之前一样，无法给出"正确答案"。但是，与之前不同的是，这个片段包含了学生的地下生活——一种不按官方剧本行事的对立剧本。为了呈现这种对立剧本，古铁雷斯用双栏的格式进行转录，如下表所示。

表 4-6（Gutiérrez, 1995:461-463）

教师剧本	学生剧本
01 教师：1954 年出了一个非常重要的最高法院判决，你们将来一辈子都会听人提到，是什么？它叫做（0.6）布朗诉堪萨斯托皮卡教育局案。	
	02 学生：我知道这个组合。
	03 学生：（理查德）
	04 学生：哈哈
05 教师：所以这个……这个……这个布朗诉堪萨斯托皮卡教育局案是在说什么？	
	06 学生：我胃疼。
07 学生：这是哪个，布朗？（0.2）哪个布朗？	
	08 学生：詹姆士·布朗。
09 教师：你可能不知道，但是这个教室里没有一个人不应该知道这件事。（省略若干行）	

教师剧本	学生剧本
10 教师: 在布朗诉托皮卡教育局案中，最高法院的决定和什么有关?（0.4）	
	11 学生: 詹姆士·布朗?
	12 学生: （理查德）布朗?
	13 学生: 闭嘴。
	14 学生: 你才闭嘴。
	15 学生: 詹姆士·布朗?
16 教师: 嗯?	
	17 学生: 阿尔·格林。

在以上对话中，左边的对话是教师所设定的官方剧本，它是正常教学的对话，关注的是布朗诉堪萨斯托皮卡教育局案（以下简称"布朗案"）的内容。右边的对话是学生所依据的对立剧本。它与教学主题不符，试图脱离官方剧本的设定。值得注意的是，对立剧本并非完全独立且平行于官方剧本，而是建立在官方剧本的基础上——除了 06 之外，学生的言语还是以回答教师提问的形式出现的，只不过在内容上不符合教师的设定。更有意思的是，学生所提到的詹姆士·布朗和阿尔·格林都是当时有名的非裔美国歌手，这也就意味着，学生并不是对布朗案完全无知，而是有意地答非所问。这也是对立剧本之"对立"的含义——学生是有意识地试图偏离正常教学的对话，摆脱教师官方剧本的

预设；此外，并不是所有学生都依照对立剧本行事，也有学生的回应是在官方剧本的设定下进行的，即 07 的"这是哪个，布朗？"这个问题指向教师，仍然属于讨论布朗案的主题。比较左右两栏可以发现，这个片段中的官方剧本与对立剧本是互不干涉的：右栏的对话完全没有回应左栏的问题，而左栏也完全没有对右栏的对话加以理会；教师的唯一一次"回应"（"你可能不知道"，09）是指向学生在官方剧本中的正常发问（07），而不是对右栏做出的反馈。

古铁雷斯援引戈夫曼的论述，区分了地下生活的两种形式。其中，扰乱型的地下生活是在试图弃绝与颠覆现有的结构与秩序，而包容型的地下生活是在融入现有结构与秩序的前提下，偏离既定的轨道（Goffman, 1961:199; Gutiérrez, 1995:451）。学生在表 4–6 对话中的对立剧本就是一种包容型的地下生活——他们没有弃绝学生的身份，没有试图颠覆教师所设定的知识（比如完全拒绝了解布朗案），而只是教师官方剧本之外创造了一种旁白。或者说，右栏没有扰乱左栏的秩序。古铁雷斯认为，这种不对等的双栏结构无法让官方剧本和对立剧本进行沟通，而这样的课堂话语也没有实质的意义。

那么，怎样的话语是有意义的呢？古铁雷斯呈现了最后一类课堂对话，她称之为"无剧本的空间"（Gutiérrez, 1995:465）。

表 4–7（Gutiérrez, 1995:465–466）

01 学生：	如果他们是一半白，一半黑，怎么办呢？	
02 教师：	如果谁？什么？	
03 学生：	如果那些小孩是一半白人，一半黑人，那他们会去哪个学校呢？	

04 学生：	（他们没有）一半黑人。	
05 教师：	在南方，你不会是一半什么的。	
06 学生：	听到了吧？	
07 教师：	在南方，哪怕你只有一丁点的……	
08 学生：	哈哈哈哈哈……	
09 教师：	……黑……	
10 学生：	哈哈……	
11 教师：	你也是黑人。	
12 学生：	塔尼亚很困惑。	
13 学生：	哈哈哈哈哈哈哈哈……	
14 教师：	好了，说到最高法院，就在这周，总统（0.2）呃……任命了（0.2）一个人……	
15 学生：	迈克尔·杰克逊。	

　　在上述对话中，某位学生首先问到，如果某个人一半是白人，一半是黑人，那按照当时种族隔离的情况，这个人是要上白人的学校还是黑人的学校。这个问题和之前学生捣乱式的言谈不一样，它虽然是一个虚拟的情形，但不仅与布朗案相关，而且还指向一些很重要的问题（例如：何谓黑，何谓白？黑白的边界在哪里？肤色究竟如何定义？）。这个问题肯定是教师没有意料到的，不属于其预先的设定。但是，与此前完全忽略对立剧本的情况不同，教师也跳脱出官方剧本，开始追问（02）与回应这一问题（05，07，09，11）。在对话后半段，另一位学生所提到的塔尼亚正是一位父母一方为白人、一方为黑人的"混合人

种"（12）。这句话让课堂顿时变得敏感起来。古铁雷斯分析说，由于缺乏在"无剧本的空间"里调度课堂话语的经验，教师没有继续这一话题，而是迅速转回到了官方剧本中，试图引导学生们回到教学主题上来（14），而学生也回到了自己的对立剧本中，重新开始捣乱式地报各种人名（15）。

因此，在这个片段中，我们就能看到三种不同的话语：教师的官方剧本（14）、学生的对立剧本（08，10，12，13，15）、无剧本的空间（01-07，09，11）[①]。在无剧本的空间——古铁雷斯称之为"第三空间"（the third space）——中，虽然教师和学生的话语都脱离了各自的剧本，而且和布朗案或最高法院决议都没有直接关系，但它指向一个有意义的疑问，并且与学生的日常生活与经验密切相关，有可能导向非常深入的、和布朗案的本质问题（即种族隔离和社会公正等问题）相关联的讨论。而这样的讨论，恰恰是直接联结着宏观社会的先验剧本，是一个"真问题"。因此，这样的讨论可以被视为一种扰乱型的地下生活，它不但由师生共同创造，也具有从本土情境反过来影响社会情境的潜力。换言之，这样的讨论不单单折射了宏观的社会话语，还具有唤起社会行

---

① 对于12的性质，我与古铁雷斯有不同的见解。古铁雷斯认为12属于学生的对立剧本，我却认为这句话应该属于无剧本的空间。我的理由在于，"塔尼亚很困惑"并不必然是学生的"捣乱"，而也有可能是一个实例的引入，意在推动讨论的进行。在其后的哄笑（13）出现之前，我们并不能判断12代表着"对立"。当然，古铁雷斯是当时情境的亲历者，而我们已经知道，对情境属性的判断不但要基于言语的内容，也要（甚至更要）基于言语的基调、互动参与者的非言语行为、对时机（kairos）的理解等。从这个意义上说，我们应尊重古铁雷斯的判断。另一方面，倘若我们在研究报告中精确、细致地描述课堂互动的言语和非言语层面，读者就更有条件做出自己的判断，这也是在质性研究中提高效度的方式之一（Erickson, 1986; Merriam, 2009）。

动、改变社会话语的力量。

古铁雷斯为我们展现了一个充满教育可能性的第三空间。但可惜的是，它转瞬即逝，而教师在其中是完全被动的，甚至促成了它的消解。如何主动地创造一个持续稳定的第三空间？教师能怎样发挥作用？在另一篇很有影响力的论文里，古铁雷斯和她的同事们展现了一个积极的尝试：利用课堂话语、角色、文化与实践的"混杂性"，让师生以合作的形式主动创造和探索第三空间（Gutiérrez, Baquedano-López, & Tejeda, 1999）。

"混杂性"是一个充满挑战的概念。在传统的教育实践中，我们往往喜欢并期望看到整齐划一的课堂：学生们穿着同样的校服，顶着同样的发型，坐进整齐排列的桌椅之中，以同样的身体姿态和同样的眼神指向，认真地注视教室前方的板书或投影，专注地聆听教师的讲授……课堂上的时间也是整齐划一的：该听课的时候同时听课，该讨论的时候同时讨论，该做题的时候同时做题，该休息的时候同时休息……这种期望源自一个前提假设，即有效的学习只有在这种整齐划一的环境中才能发生。许多研究都已表明，这种假设是错误的（Lemke, 1990; Sfard, 2008）。事实上，混杂性是课堂的内在属性。例如，我们已经知道，哪怕都在托着下巴听课，每个学生都是在自己的时间（kairos）里听课的，"同时"是不可能存在的（Erickson, 2004）。坐在同一个课堂上，不同的学生也是经由不同的中介学习的：不同的社会文化背景、不同的先前经验、不同的学习工具、不同的知识表征，等等（Cazden, 2001; Heath, 1983; Mehan, 1993）。这些混杂性最终将集中于语言这一最核心的中介工具和文化资源（Rogoff, 1990; Vygotsky, 1978; Wertsch, 1991）。

古铁雷斯和她的同事们就展现了一个通过课堂的混杂性——及其所带来的冲突——创造与利用第三空间的案例。这个案例发生在一个西班牙语浸入式教学的二、三年级混编班级。与1995年论文里的布朗案一样，这个课堂上的师生也在探讨一个非常敏感的话题——人类的生殖。可以想象，学习这一话题，课堂上必定充满了学生的对立剧本和地下生活——窃窃私语、紧张扭捏、欲言又止，乃至隐晦的玩笑。一个遵循官方剧本的常规课堂往往不容许这样的地下生活存在——教师要么完全忽视其存在，从而让这样的话语独立且平行于官方剧本（如前例所示），要么明令禁止，从而进一步强化这类话题的禁忌感，反过来"鼓励"了这种地下生活的自行发展。而在这个课堂上，当教师发觉学生在偷笑或窃窃私语时，她及时地承认学生的紧张与不适感，向学生解释这种感觉的来由，如以下言语所示：

教师：我们已经涉及过这个话题了，这个话题会让我们……某些人……比如豪尔赫……让他发笑。好了，当我们开始学这些的时候，这种不舒服的感觉会消失的，因为我们并不是觉得好笑，我们是在紧张，因为这不是我们平常会谈论的话题。（开玩笑地假装紧张和害怕的表情，学生都笑了。）（Gutiérrez et al., 1999:295-296）

这样的言语化解了尴尬，但它的作用不仅限于此。通过承认学生的紧张与不适，教师跳脱出自己的官方剧本（即一个整齐划一、认真听课、毫无杂音的静态课堂），公开地关注学生的地下生活（即一个混杂着各种个人经验、态度和倾向性的生态系统），而她也通过这样的解释，邀请学生跳脱出他们的对立剧本，与教师一起探索敏感的话题。这个双方跳脱出各自剧本而进入的新空间就是"第三空间"，师生在其中的互动不会遵循教师早已设定好的教学流程，也不会顺着学生的旁白来发展，而是一个需要双方共同尊重、彼此理解、合作探索的新学习环境。

话语的一端连着宏观的社会与文化，另一端连着微观的个人生活。在米恩与卡兹登所揭示的课堂话语结构之间，隐藏着许多早已存在的权力关系，它们经由话语的剧本向师生施加影响。反过来，话语又具有变革的潜力。即使是非常简单的认可、引导、追问、回音，都有可能在互动中创造一个无剧本的第三空间，一个容许师生跳脱出各自既定的角色和台词，带着各自混杂的文化与经验一起学习的场域。由此，古铁雷斯的方案也与李异曲同工：利用课堂的"混杂性"，创造课堂话语的第三空间，消解先验剧本和官方剧本所预设的权力结构，让学生自己的语言文化背景及其实践成为学习资源，乃至成为学习环境的核心组成部分。

结语

　　本章阐述了课堂互动与社会文化之间的关系。希思的研究首先勾勒出一副完全不同于心理学或认知科学的图景：学生与学生之间的差异，尽管反映在他们各自的行为、成就、发展水平等方面，但却并非存在于他们的个人层面，而是存在于他们带入学校和课堂的文化之中，而这些文化的存在远远早于任何教育系统和任何测量体系。李将这些文化引入课堂，用"文化模范"的教学来抵制教育不公正。在她的研究以及在芝加哥学区所进行的教育实践中，李将非裔美国文化中的"意指"话语主动地引入课程，通过"意指"来引导非裔美国学生的语言学习，不但尊重了学生自身的文化背景，还有效地调动了学生的兴趣和参与，从而提高了学习过程的质量，促进了学生的学业成就。古铁雷斯的研究进一步呈现出不同文化之间的权力关系。在学校的"官方剧本"之外，学生还有着自己的"地下生活"，能够创造出"对立剧本"，而这些并行乃至冲突的剧本对学校教育和学生发展有深刻的影响。如果教师能够理解和尊重学生的文化背景，主动邀请学生将他们的文化带入课堂，那么双方都有机会跳脱出各自的剧本，进入"第三空间"。在这个新的空间里，师生的互动不会遵循某种代表主流社会期望的既定流程，也不会顺着学生的"地下生活"来发展，而能够实现一种相互理解、合作探索的良性学习环境。

可以想见，这样的探索是极其艰难的，需要应对各种各样的困难和质疑。例如，前文所述古铁雷斯的课题，最初源自班上一个学生说出"同性恋"一词，而其他学生好奇地询问"这是什么"，然后才有了"人类的生殖"这一单元的设计动机。这种学生之间的玩闹正是一种典型的包容型地下生活，而教师认为这是一个基于学生兴趣进行教学的契机。虽然全班学生都有学习的意愿，但要教授这个课程还需要家长与学区的同意。教师与古铁雷斯及她的同事一起，精心设计了六周的课程模块，并争取到了班上全体学生家长的同意及学区的许可，这才有了这样的课堂。即便如此，这位教师还不得不"坐在校长办公室里，解释她并没有像流言所说，用香蕉教学生如何戴避孕套"（Gutiérrez et al., 1999:293）。这个课堂之外的权力结构是如何运作的？这样的课堂之所以能够发生，和当时身为洛杉矶加州大学教授、著名教育学者的古铁雷斯的介入有多大关系？和这位教师本人在洛杉矶加州大学的专业训练又有多大关系？——当然有，虽然其程度不得而知。但无论有怎样的偶然性，古铁雷斯的研究——以及希思和李的研究——仍然生动地展示了话语的力量。

在这三人的研究里，我们依稀也看到了一个共同的敌人——也是上一章埃里克松所面对的敌人——那就是"缺陷视角"。种族差异，尤其是"黑"与"白"之间的差异，长久以来被社会话语塑造为一种"白"的天然优势与"黑"的先天缺陷。而这种话语又恰恰与不同族裔的学生在学校中的表现与成就相匹配，从而反过来强化了它的合法性。然而，希思、李和古铁雷斯——以及他们的后继者纳伊拉·纳西尔（Na'ilah Suad Nasir）、布莱恩·布朗（Bryan Brown）、托马斯·菲利普（Thomas M. Philip）等人的研究[①]，却证据确凿地论证了这种"缺陷视角"的荒谬。他们每一项具体的研究都看似微小，但却是通向教育公平和社会公正之途的重要基石。

[①] 例如：Nasir, 2002; Nasir & Hand, 2008; B. Brown, 2006; B. Brown, & Spang, 2008; Philip & Olivares-Pasillas, & Rocha, 2016。

第五章

互动研究的批判向度

有一种缺席，如在场般真实。

—— 约 翰 · 蒙 塔 古（John Montague），
转引自雷蒙德·麦克德莫（Raymond P. McDermott）
（1993:293）

第一节　"Kids Make Sense"[①]

1965 年的一个夏日，19 岁的爱尔兰裔青年雷蒙德·麦克德莫特正在皇后学院的校园里徘徊。这所成立不到三十年的年轻学府坐落于纽约皇后区的法拉盛地段，地势很高，从校园中心的广场上可以看到曼哈顿林立的高楼。与那些高楼的耸立姿态相反，麦克德莫特的心情却非常低落。怀着未来以翻译中文典籍为志业的愿望，他在皇后学院努力学习中文，前两年的学业还算顺利，还拿到了高阶中文课程的奖学金。可进入高阶班之后，他的成绩下滑得很厉害。学了八周的高阶课程，他与班上同学的距离似乎每一天都在拉大，那些原本熟悉的字符也看似越来越陌生。这天，他的老师甚至建议他去做一个听力测试，看看是不是听力有问题。从老师的办公室出来，他陷入了矛盾与迷茫。还要不要坚持学中文？为什么自己学不好中文？如何面对这种失败？他很想坚持学下去。"那么多中国人都能学会中文，我难道学不会？"他这样鼓励自己。可再一转念，他又觉得自己实在不是那块料。"这可能不是我最应该做的事情吧。"他最终这样说服了自己。可是，为什么会这样呢？这个问题

---

① 本节的写作参考了以下资料：McDermott, 1977a, 2017。

始终盘旋在他的心里。

大学三年级开始前的那个夏天，麦克德莫特放弃了中文的深造，专心于哲学和社会科学。和卡兹登、米恩、埃里克松、古铁雷斯、李等人一样[①]，麦克德莫特的青年时期也处在巨变的漩涡之中。在他进入大学的两周之前，民权领袖马丁·路德·金刚刚在华盛顿林肯纪念堂前发表了名垂青史的"我有一个梦想"的演说。麦克德莫特一边关注着民权运动的发展，一边阅读了美国作家与社会活动家詹姆士·鲍德温的作品。三年级之后，他广泛阅读哲学著作，包括列维·施特劳斯等法国结构主义者，杜威、詹姆士等美国实用主义者，恩斯特·卡西尔等新康德主义者，还有卡尔·马克思——马克思的辩证观和批判的取径将极大地影响这位美国年轻人。

1967 年，麦克德莫特大学毕业，在自己长大的地方——纽约肯尼迪机场附近一个教育质量落后的学区——某个排名靠后的小学找到了一份教职。虽然一直喜欢与孩子打交道，也有过当教师的愿望，但之前从来没有接触过教育理论的麦克德莫特还是发现事情和他想象的很不一样：他满以为教育就是教师"就那样教"，然后学生"就那样学"，可是实际情形远没有那么简单——教师教了，孩子不一定学。事实上，在这个"很差"的学校里，大部分的孩子都不怎么学习。是孩子的问题吗？还是教师的问题？还是学校的问题？和埃里克松、古铁雷斯等人一样，六十年代末的麦克德莫特在工作岗位上也经历了自己的顿悟时刻：他发现，在操场上活蹦乱跳、神采奕奕、看起来蕴藏着无限潜力的孩子们，

[①] 因缘际会——或者说，因为课堂互动研究——他们在数十年后会成为亲密的同事和朋友，只是当时还没有人能够预见。

在课堂上的模样却迥然相异。由于"生源不好"，学校对这些孩子实施了很多强制性的教学方式：反复的背诵、大量的训诫、高压的控制，诸如此类。这些在日常生活中表现正常的孩子，正在学校里失去光采。麦克德莫特回想起自己在中文高阶班的经历：那个在其他科目游刃有余的学生，在中文课上被认为是一个"听力有问题"的人。为什么会这样呢？

1968 年春天，马丁·路德·金被刺杀，美国多地爆发游行与骚乱，民权法案正式生效。在这样的动荡时局里，麦克德莫特的思想也在发生激烈的动荡。他偶然听了著名语言学家威廉·拉波夫（William Labov）的一场讲座。被尊为社会语言学之父的拉波夫批评主流学界认为非裔美国英语是"缺陷"的观点，主张从"差异"的角度看待不同族群和社区在语用上的不同。麦克德莫特又想到了自己——一个出生于爱尔兰天主教家庭、生活于纽约意大利裔社区、求学于意大利天主教学校、最终又在犹太人聚集的大学里痴迷于学中文的人。"文化"，这个词串起了他这奇怪的、格格不入的过往；而"文化人类学"则是他猛然发现的、能够与这些过往"搭"得严丝密缝的学科。麦克德莫特这样描述自己当时的发现：

每当人们被描述为不同——根本上的不同，就像他们大脑里的不同，他们思考和感受方式的不同，他们的善行或恶行的不同——总会有人类学家跳出来，强调所有人实际上都是一样的。……我想从事这样的工作，我同时还想从事这份工作的另一面：每当人们被描述为相同——根本上的相同，就像他们大脑里的相同，他们思考和感受方式的相同，他们的善行或恶行的相同——总会有人类学家跳出来，强调所有人——每一个人，尤其是不同群体中的人，带着他们各不相同的经历——实际上都是不同的。我喜欢这种两面的工作。没有人能在一个文化人类学家面前保持静止的模样。所有的现实都在变化之中：相同，不同，相同，不同，相同，不同，相同，不同。（McDermott, 2017）

1969年，尼克松入主白宫，美国进入了经济停滞、右翼反弹的七十年代，而反战和平权之声仍然在大学校园里回荡。笃定了人类学志向的麦克德莫特来到左翼硝烟未散、嬉皮士弦乐未息的加州湾区，在斯坦福大学攻读人类学博士学位。在斯坦福，以及在后来的研究生涯里，有三条学术源流滋润了麦克德莫特的思想，疏通了他的视野，引导了他自己的探索之途。第一条源流是查尔斯·弗兰克（Charles Frank）和哈罗德·康克林（Harold Conklin）等认知人类学家的民族学研究。这些学者强调文化的相对性，把不同文化社群里的行为置回当地人的本土视角里加以理解和分析，而不像当时传统的人类学往往带着"西方"的有色眼镜。第二条源流是艾伯特·谢弗林和亚当·肯登（Adam Kendon）等人的情境分析以及加芬克尔、奇库雷尔、萨克斯等人的常人方法学。这些学者让麦克德莫特用微观、日常的视角来重新审视语言的运用及其功能。第三条源流则是卡尔·马克思。马克思那种质疑既有概念、既有类别、既有体系的思路和取径让麦克德莫特十分受益。1977年，麦克德莫特博士毕业，进入当时属于洛克菲勒大学的人类认知比较实验室（The Laboratory of Comparative Human Cognition）。在那里，他认识了米恩、卡兹登、埃里克松等人，并与他们一样，随着苏联心理学家维果茨基的著作译入美国而理解与接纳了社会文化理论。他开始用文化人类学的取径反思自己的经历，用批判的视角观察学校教育；他开始理解那些在学校里遭遇失败的人，讲述那些"被侮辱与被损害的"的人与事。

从进入斯坦福大学攻读人类学博士开始，历经斯坦福大学、哥伦比亚大学教师学院、施乐学习研究所（Xerox Institute for Research on Learning）、人类认知比较实验室，直到近年从斯坦福大学教育学院教授的职位上荣休，麦克德莫特近五十年的学术研究都围绕着"为什么会这样"的问题，批判性、反思性地展开，而他的探索之道，或许用他博士论文的标题最能精准地体现：Kids make sense[①]。本章主要阐述这些研究的三个核心部分：社会关系作为学习情境；作为话语与文化建构的"学习困难症"；对"质性方法"和"量化方法"之争的批判与反思。在课堂互动研究领域，麦克德莫特是一个既绕不开又难以归类的人物。与前几章所涉及到的研究者不同，麦克德莫特的著述里很少出现课堂话语的转录文本，他的分析也很少是直接基于特定的课堂片段。但是，他对课堂互动的理解深刻地影响了后来的分析视角。

---

① 这一短句可以大致译为"孩子有道理"，但中文无法译出"make sense"在此语境中的微妙含义。

第二节　社会关系作为学习情境

麦克德莫特早期的研究关注课堂上的社会关系，以及这些关系如何影响教与学。承袭情境分析、常人方法学、互动社会语言学的传统，麦克德莫特再次督请我们关注课堂上的日常互动，以及这些互动所建构起来的生态系统。互动似乎是一种常识：在餐桌上，我们不需要思考如何夹菜而不显得奇怪；在街道上，我们不需要思考如何避让迎面而来的路人而不显得奇怪；在电话中，我们不需要思考如何接续对方的言语而不显得奇怪。概言之，我们在日常生活中不需要思考自己如何行为才能不显得奇怪，因为这些行为都是常识。常识之"常"，是日常、寻常、通常，但并非"常"量——它不是在我们参与社会生活之前就已经规定好的，甚至不是在我们坐进餐厅、步入街道、拨出电话之前就确定无疑的，而是在这些社会情境中动态地建构的，是互动参与者之间协商的结果，或者用戈夫曼的话来说，是一种"操作共识"（Goffman, 1959）。

怎样的操作共识是课堂教学所必须的？受马克思、葛兰西等人的影响，麦克德莫特认为"教学从来都是胁迫的一种形式"（McDermott, 1977b:204）。不过，正如福柯所探讨的全景式的权力关系一样，这种胁迫必须是"你情我愿"的。因此，学生要同意教师的教，从而才会自愿

地学 [①]。这种同意便是一种特定的社会关系。麦克德莫特强调，若不首先理解师生之间的社会关系，我们就无法理解学生何以学、何以不学、何以学得好、何以学不好。

麦克德莫特用罗莎的案例来说明这种社会关系是如何在日常的课堂互动中建构与呈现的（McDermott, 1977b）。罗莎是一个小学一年级学生，由于母语是西班牙语，她的英语阅读能力在排在全班末尾。在语言课上，尽管她经常试图举手发言，但教师从来不点名让她发言，所以她也没有参与课堂活动、锻炼语言表达能力的机会。为什么会这样呢？我们通常会做两种猜测：或许是因为罗莎成绩不好，教师不喜欢她，故意不给她发言的机会；又或许教师知道罗莎的能力不足以让她有好的表现，为了照顾她的面子而避免让她发言。但无论是何种猜测，我们都将罗莎标签成了一个缺乏能力的学生。实际上是怎样呢？麦克德莫特仔细考察了课堂互动后发现，罗莎的行为并不寻常：她常常观察别的学生在读哪一页，然后翻到另一页后才举手，或者等到教师刚刚开始叫其他学生名字的刹那才举手，或者一边举手一边将眼神转向其他方向，避免和教师有目光接触。也就是说，罗莎虽然做出了争求发言的样子，但她实际上并不想被教师点中，而教师也察觉到罗莎的异常行为，因此没有点名让她发言。麦克德莫特形象地描述道，这是罗莎与教师的"共谋"（McDermott, 1977b:203）。在提及罗莎时，教师也曾向麦克德莫特表示，"我就是没办法触动到她"（McDermott, 1977b:203）。这说明问题并不在于罗莎的阅读或学习能力，也不在于教师的教学技能，而在于两人的关

---

① 也可参见第三章埃里克松所说的"同意的政治"。

系。罗莎假装试图发言但又避免发言的举动是可以理解的，教师不让罗莎发言的决策也是可以理解的，甚至可以说，他们的行为都是明智的。关键仅仅在于，他们不在同一个"频道"上行事。教师希望罗莎的阅读能力有所发展，但罗莎并不相信教师的意图。他们并没有建立一种安全可靠的社会关系。因此，罗莎在课堂上的精力全都放在了"如何让教师既以为我想发言，又不会点到我"的尝试上。她的尝试虽然成功了，但她也失去了学习机会。

正如教师把握不住罗莎，无法走进她的心里一样，在任何班级里，教师都会失去一些学生——不是身体意义上的失去，而是社会关系意义上的失去（McDermott, 1977b:202）。或者反过来说，有一些学生会失去他们的教师。而一旦失去，这些学生也就失去了学习的机会。遗憾的是，这些失去学习机会的学生往往来自少数群体，如少数族裔、低收入阶层或 LGBTQ 群体[①]。他们的文化与社会主流文化格格不入，他们也难以适应代表主流文化的课堂，这成为他们与教师之间建立安全关系的巨大障碍。这种障碍的成立要从两个方面来理解：一方面，早在任何少数群体的学生进入任何课堂、与任何教师建立任何社会关系之前，他们所处的历史文化情境就已经预设了"少数"的概念，虚位以待他们的"对号入座"；另一方面，当他们进入课堂，与教师和其他学生建立了社会关系之后，这种社会关系又会反过来强化社会认知，成为情境的一部分。因此，与希思和李的研究有所不同，麦克德莫特在文化与学习之间又建立了另外一层动态的、更具批判性的联系，即：文化通过社会关系

---

① LGBTQ，即女同性恋者（lesbians）、男同性恋者（gays）、双性恋者（bisexuals）、跨性别者（transgendered）和性别质疑者（questioning）。

的确立、维持或丧失而作用于师生在课堂上的互动，从而作用于教与学。

　　特别值得一提的是，在其学术生涯早期，麦克德莫特就关注到了社会关系与情境有一种区分"好生"与"差生"的功能。他指出，学生的"好"与"坏"并不是一种个人特征——哪怕仅仅是临时性的个人表现——而是情境的特征，是社会关系的反映（McDermott, 1977b）。这一论点后来成为了麦克德莫特的核心研究内容与最重要的成就，即关于"学习困难"这一现象的论述。

第三节 "学习困难"：话语标签与文化建构 [①]

纵观麦克德莫特的整个学术生涯，他最关切的一直是这样一个问题：在学校教育的过程中，为什么有的孩子会失败，成为这个系统的淘汰者？与古铁雷斯、李、埃里克松乃至戈夫曼和加芬克尔等人苦苦思索的问题类似，这也是一个看似"莫名其妙"的问题。同在学校接受教育，进出于各种各样的评价体系，总有高低之别，有的孩子表现得更好，有的孩子表现得不够好，而表现得最不好的孩子就不得不被淘汰。这么浅显的道理，还需要思考、还需要问吗？可是，为什么被淘汰的往往是来自少数群体的孩子呢？这是作为文化人类学家的麦克德莫特感到如鲠在喉的问题。八十年代末期以来，他开始关注一类被学校教育所淘汰的孩子，他们有一个共同的身份——"学习困难症患者"。麦克德莫特对他们的境况，尤其是他们在学校和课堂里的行为进行了深入的田野研究、思考与写作（McDermott, 1987, 1988, 1993, 1999, 2009; McDermott, Goldman, & Varenne, 2006; McDermott & Raley, 2008; McDermott & Varenne, 1995）。

[①] 这一节的部分文字曾经以《"差生"，放开那些孩子！——文化情境里的话语、标签与学习》为题发表于《上海教育》2016 年第 3 期，第 62-63 页。

要了解麦克德莫特对学习困难症的研究，我们先来认识亚当——一个多次出现在麦克德莫特论文里的孩子（McDermott, 1993; McDermott & Varenne, 1995; Varenne & McDermott, 1998）。亚当是纽约市曼哈顿区一所私立小学的学生。从一年级开始，亚当在读写方面就表现出一些困难。在八岁那年，经过层层测试，亚当被诊断为一个学习困难症患者。在一对一的测试情境中，亚当总是心不在焉，似乎根本没有听、没有关心、更没有理解考试者所提出的问题。他答题完全是靠连蒙带猜，并且常常耍小花招，例如在只有两个备选答案的题目里，他常常先拖着长音，装作开始说一个答案，一边密切观察考试者的脸，只要考试者的表情稍有变化，他就会立即改口说另一个答案（比如"杯——勺子"，Varenne & McDermott, 1998:29）。简言之，亚当在这些测试里的表现完全符合学习困难症的特征。

可是，在日常状态下，亚当是一个极其正常的孩子：正常地说话、正常地做事、正常地与人交往、正常地解决生活中遇到的问题；他甚至还是一个出色的鼓手，篮球打得很好，并擅长讲故事。虽然在遇到涉及读写的问题时，他确实会有些吃力，但大多数情况下，他自己也解决了；在实在解决不了的情况下，他会寻求他人的帮助，但这种求助看起来也无比正常——谁没有需要帮助的时候呢？生活中的亚当，怎么看都和"学习困难症"挂不上钩来。

亚当的情形引起了当时正在这所学校里进行田野调查的麦克德莫特及他的同事们的注意，他们开始观察和记录亚当在很多不同情境中的行为，包括在日常生活中、在课堂上、在课外的兴趣班（有关烹饪的课外学习项目）里、在考试中，等等。他们发现，亚当在日常生活里完全没有任何行为上的障碍；在课外兴趣班里也表现得中规中矩；但在课堂上，他经常开小差，也无法完成学习任务；在考试中，他的学习困难愈加明显，连蒙带猜，最后基本上拿不到分数。这样巨大的落差，究竟是怎么回事呢？

或许我们会首先想到一个常识上的解释：因为学校里的活动比日常生活中的活动更需要"知识"，而考试更是对认知能力有很高的要求，而亚当作为一个学习困难症患者，没有学到必需的知识和技能，所以自然在课堂上、在考试中无法完成任务。这个推断非常合理，"学习困难症"的诊断也正是这样产生的，但麦克德莫特等人对这个解释并不满意。他们继续追问道：学校里的知识凭什么就比日常生活里的知识要难呢？这是绝对的真理吗？日常生活里也有很多复杂的行为（例如修锁），烹饪兴趣班里也有很多需要高深技能的任务（例如按复杂的配方做出一个蛋糕），为什么亚当又能够做好呢？

他们继续观察亚当的行为，察觉到第二种解释的踪影：因为学校里的活动不是"自然发生"的，所有的课堂活动都是"武断"的，是被人为地设计出来，人为地施与孩子的，而和孩子本身的世界脱节。考试尤其是这样一种人为的设计：它所要求的知识或许与孩子的日常生活格格不入，它的情境也切断了孩子与他人和外界资源的联系，武断地要求他们独自完成某些思维的任务，而在日常情境里，这种情况极少发生。例如，在烹饪兴趣班里，研究者发现，每当亚当和另一个孩子——彼特——一起做菜，彼特会帮助亚当阅读食谱，一起调配佐料，这时的亚当分工明确，表现良好，操作井然有序，毫无学习困难可言；但一旦坐进课堂，被老师叫起来回答问题，他便局促不安，一问三不知，宛若梦游。但问题是，这种一对一问答的情境完全是人为的设计，而共同协作才是日常生活的常态（Lave & Wenger, 1991; Wenger, 1998）。这个解释也是合理的，但研究者们又碰到了另一个难题：那么，为什么彼特可以帮助亚当，而不是亚当帮助彼特呢？难道他们没有一些"脑子里面的差异"，导致他们的独立性不一样吗？

终于，一个情境引起了麦克德莫特等人的关注。那是在烹饪班上，孩子们要学着做一个香蕉蛋糕。亚当和彼特原本都在开小差，没有认真看老师的演示。等到他们要自己动手时，彼特说他对香蕉过敏，不能和亚当一起做了，所以亚当只好一个人开始做这个蛋糕。他一开始看不懂食谱，所以去问老师，老师却责怪他之前没有认真看演示，所以并没有仔细为他讲解，他只能回去自己尝试。就在这时，他把其中两项配料的顺序弄反了：应该是第四步添加酸奶，他却记成了第二步。所以，当其他孩子还在放第三步的香蕉时，他把酸奶倒进了锅里。而这个举动，被邻桌的纳丁和露西看到了，她们惊讶地叫了起来，便有了如下这段对话。

表 5-1（McDermott, 1993:288–289）

01 亚当：	终于！酸奶在哪儿呢，噢。	
02 纳丁：	你**已经**放酸奶了。	
03 亚当：	是的。	
04 纳丁：	香蕉在哪儿。	
05 亚当：	我们……呃……他们还没给我们香蕉。	
06 纳丁：	那你就去拿啊。	

07 成人：	香蕉在这里的架子上。
08 亚当：	但这是我们的第二页。
09 露西：	那是茶匙，那是汤匙。
10 亚当：	这是茶匙，而且食谱上说……
11 露西：	食谱上说两汤匙，两——汤——匙。
12 亚当：	我们就在这里，啦哇哪，啦哇哪，我们就在这里。
13 露西：	那是……
14 纳丁：	那是配料表，不是步骤说明。
15 露西：	那是泡——打——粉。
16 亚当：	你是什么意思，泡打粉？
17 纳丁：	你按这个顺序放。
18 亚当：	什么意思啊，按什么顺序？
19 纳丁：	看好了！这是步骤说明，你要做的就是这些，全部都要做。
20 亚当：	（拿着步骤说明，举到面前，怪腔怪调地念着上面的字）哎呀呀，一……杯……糊状的……新鲜…… （大家都不再理会亚当，他转向求助成人。省略若干对话。） （亚当回到自己的座位上，已经哭起来了。）
21 亚当：	啊，雷吉，你过来，可以吗？
22 雷吉：	哭啦？……好吧，我来帮你吧。

乍看之下，亚当确实显示出了学习困难的症状。但麦克德莫特却问道：学习困难这一病症，是一个自始至终隶属于亚当本身的特征吗？似乎并非如此。有多少人参与到了这一"显示"过程中来？——教师、纳丁、露西、雷吉全都参与了这个过程：纳丁的惊讶和质疑表明她的第一

感觉并不是亚当"做得很快"，而是他"做错了"（02，04）；教师并没有尽力帮助亚当，只是提供简单而不加解释的指令（07）；露西放慢语速的指导表现出她对亚当的区别对待，而这种对待也仅仅是在指出错误，而不是真正的帮助（11，15）；雷吉略带嘲讽的"哭啦"让亚当的失败更为明显、公开、怪异（22）。在这个事件里，亚当的"学习困难"毋庸置疑，但这却不是一个存在于亚当本身的属性，而是被老师和同伴们渐渐"挖掘"出来的——或者毋宁说，是在这个情境里被慢慢建构出来的。

乍看之下，这一论证过程不但晦涩，而且荒谬。我们可以用一个日常生活中的类比来尝试理解麦克德莫特的思路——想象你是一个有点口吃的人。你在和家人朋友说话时并不怎么口吃，即使偶尔在某些声母上有点发音困难，只要略微停顿一下，调整一下呼吸，也就能说出来了。家人朋友知道你有这个习惯，但也并不在意，因为你们的沟通是顺畅的，没有任何问题。在日常交谈中，你甚至还是一个可以称得上"谈笑风生"的人，言谈风趣，认识你的人都乐意和你说话。可是，一旦工作单位开会，需要你在有二三十个听众的场合做一段陈述，在大家都注视着你，安静地听你一个人讲话时，你的口吃就出来了。原本能够很顺利发出来的音，现在变得磕磕巴巴；原本停顿一下，调整呼吸，就能够发出来的音，现在堵在你的喉咙里，怎么也吐不出来。你呼吸越来越急促，心里越来越着急，而听众们的表情也变得越来越奇怪：这个人今天怎么了？平时说话不是挺正常的吗？终于，你决定去看医生，看看这究竟是怎么回事。坐在诊室里，和医生面面相觑，房间里安静得连一根针掉在地上都听得见，你不由自主地紧张，又有了那种呼吸急促的感觉。

医生递给你一张纸，开口道："来，你把这段话从头念到尾试试。"完了，这段话的第一个字就是一个你平时很难发出来的浊辅音。你假装还在做准备，但这准备时间已经花了一分钟。你憋红了脸，避开医生从眼镜片上方望过来的目光，喉头仿佛锁死了一般。读完了，你自己都不知道是怎么读完了。医生也似乎只是在等待着你读完——你话音刚落，他就在病历册上落笔了：中度口吃症。就这样，你被确诊了，成为了一个口吃症患者。

那么，你是一个口吃症患者吗？可能是，也可能不是。"口吃"是一个病理上的行为诊断，但同时也是一种文化上的建构。只有在"谈吐流利"是大多数人在大多数时候的表现时，"谈吐不流利"才会成为一件奇怪的、不正常的事情。更关键的是，只有当这种奇怪的事情会导向某种后果时，它才会从"谈吐不流利"的现象变成"口吃"的病症。在日常生活的情境中，说话偶有停顿和磕巴没有任何后果——无非是听者需要稍有耐心而已——所以这不是病症。但在开会的情境中，当某人说不出话来，难道听者都要等着吗？难道会议要因为这个人的问题而延长时间吗？难道……在医生诊断的情境中，当某人无法流利读出用以诊断口吃症的那段话时，难道这是正常的吗？难道这不正是口吃症的症状吗？难道……在不同的情境里，由于存在不同的后果，人们对"谈吐流利"的期望不一样。换言之，在日常生活中，人们并不在意谈吐是否流利，在开会时，人们对谈吐的在意程度高了很多，而在诊断情境中，医生不仅是在意，甚至可以说是在主动地"寻找"不流利的谈吐。正是这种出自特定后果的在意乃至寻找——或者说，正是这太多的"难道"——将某个日常的行为表现标记为了确凿的病症。

通过亚当的案例，麦克德莫特试图表明，学习困难并非是一种"病症"，而是一种文化的建构。当这种建构被泛化为一个标签时，它就"活过来了"，它寻找可以被标签化的对象，并依附上去，使人成为他们原本不必要成为的人。这一论述非常有力，但也非常激进。许多读者的质疑是：亚当是如何被界定为一个有学习困难的孩子的？这个标签本身是如何被建构起来的？为什么偏偏是亚当，而不是其他孩子，成为了被标签化的人？为了解答这一问题，让我们暂时离开麦克德莫特，回到本书第二章里的一个人物——休·米恩。他的一项研究回答了这个问题。与麦克德莫特描述亚当的论文一样，米恩的论文也发表在 1993 的《理解实践》一书中。在这篇论文里，案例的主角名叫沙恩；但基于上下文连贯的考虑，我在本节的论述中仍旧以"亚当"为主角。

通过查询档案、观察校园活动及访谈相关人士，米恩首先发现，界定一个学习困难症患者的过程要经历三个阶段。第一个阶段是由教师向学校备诊（referral）——某个孩子可能有学习困难症，需要诊断；第二个阶段是由学校心理学家对这个孩子进行一系列测试；第三个阶段是校方组织多次会议，让心理学家、教师和孩子的父母一起探讨诊断报告，协商最终的界定结果及相应的干预措施（例如划入特殊教育班级、接受特定辅导等等）。米恩同时发现，每一个阶段都会产生一些文件，而这些文件将成为下一个阶段的依据。例如，教师首先是在课堂活动中发现某个孩子的"异常"的，然后她要填写一张备诊单，提交给校方的评估部门；评估部门根据备诊单上所描述的细节，整理出一份送诊概要，提交给学校心理咨询部门；学校心理学家根据这份送诊概要，安排必要的临床测试，写出正式的诊断报告；而在最终的校方会议上，多方人士将会根据诊断报告，决定最终的诊断结果和相应的干预措施。

随后，米恩详细观察了由校方组织的会议。在这个会议上，心理学家、亚当的老师和他的父母分别陈述他们对亚当行为的观察和理解，并且讨论最终的干预措施。他们发现，这三方的陈述有很大不同，而这些陈述在会议上所得到的对待也很不相同。第一个不同之处在于陈述的模式。心理学家是拿着文件——诊断报告——念出陈述的，在这个过程中，没有人打断她的发言，整个陈述非常完整、紧密、顺畅。与之相反，教师和父母的发言更像日常交谈：在陈述的过程中，与会者不断追问或打断他们，提出疑问，使得整个陈述有一种对话的性质。第二个不同之处在于他们的论证。心理学家的陈述基于一系列测试结果，例如："他的语言智商为 115，操作智商为 111，满分是 115，所以他是个很棒的孩子"；"他的图形排列得分是 17，这是一个很不错的分数"…… 教师和父母的陈述基于他们的一手经验，例如："当他和我沟通时，他的理解能力很不错，但独自完成某个学习任务对他来说比较困难"；"他挺有创造性的"……第三个不同之处在于他们描述亚当的方式。心理学家是用一系列术语、数字及其解读来描述亚当的，其落脚点是"问题"，例如，"在 WISC-R 测试里，他得了 ** 分，因此他有 ** 方面的问题"。教师是用一系列情境来描述亚当的，例如，"在小组活动中，他表现得挺不错的，但独自做作业就比较困难"。父母则是从时间变化、个人发展的角度来描述亚当的，例如，"以前他在 XX 方面总是有些困难，但后来……慢慢就好了一些……"

会议的结果，自然是心理学家的陈述得到了认同。尽管三方所描述的亚当有很大的不同，最终大家都认可了这样一个结论——亚当有"学习困难"，应该接受特殊干预。然而，这些话语模式上的差别却引起了米恩的关注，他想知道，为什么心理学家的陈述没有被打断，并且最终得到了一致认同呢？其他两方的声音是如何在会议过程中渐渐消失的呢？

通过进一步分析会议上的话语和互动，米恩发现，"学习困难"这个标签具有双重的属性：历史性和链接性。历史性是指，何谓"学习困难"，怎样的行为特征可以被称为"学习困难"，何种心理测试可以界定这个"症状"，都是逐渐发展出来的（可以上溯至 1907 年），形成了一整套完整的诊断体系；链接性是指，在当下情境里，这些前置的、预设的概念会链接到某个人的具体行为上，让这一行为带上已经确诊的特征。这种链接会触发整个识别制度，从而把一个人送入诊断体系里，正如亚当从课堂情境被送入心理学家的测试情境一样。而在会议上，只有心理学家有能力同时操纵标签的历史性和链接性。因此，作为中间人，心理学家一边引用历史建构的"术语"，一边报告亚当测试出的具体"数字"，从而把他与"学习困难"链接起来。

另一方面，心理学家的话语是一种"模糊"的语言，与教师和父母"明晰"的语言形成了鲜明对比。"模糊"来自于高度抽象或带有特定规则与意义的专业知识，而"明晰"来自于日常生活的一手经验。然而，正是这种专业性，导致心理学家的话语很难遭到质疑和打断——因为听众无法像心理学家一样，深谙 VADS、ITPA、WISC-R 等术语的意义。

而教师和父母的"明晰"，恰恰向质疑和追问全然开放 [①]。

更有意思的是，随着"亚当"在这个诊断体系里的移动，他渐渐由一个人，变成了一个物体；他周遭的情境渐渐略去，最后显现出来的是一堆数字及其含义。让我们回想，当教师初次备诊时，她所看到的亚当是一个在丰富的课堂情境里与许多孩子一起活动的人；然而，随着这些情境与活动变成"送诊概要"之后，亚当被抽离出课堂，进入了一个脱离学习情境的测试环境；之后，随着测试结果变成"诊断报告"，校方会议上的其他参与者所看到的亚当，已经不是一个活人，而是诊断报告里的亚当、教师陈述中的亚当、父母陈述中的亚当。在这样一个转变中，他们选择相信一个专业人士的陈述，相信"那就是我们正在描述的亚当"，是自然而然、非常正常的。

然而，在一个如此有条不紊、层层推进、早已制度化的体系里，真实的亚当已经消失了：教师所看到的情境互动性的亚当消失了，父母所看到的历史发展性的亚当也消失了。最终，术语和数字界定了亚当，预设的临床分类界定了亚当，"学习困难"界定了亚当。

观察到越来越多类似亚当的情境之后，麦克德莫特、米恩等学者开始反思原先"缺乏知识与技能"的解释。他们意识到，早在亚当"成为"一个患有学习困难症的孩子之前，"学习困难"这个病症就已经存在于学校里了。与日常生活不同，课堂永远在发问：谁能回答这个问

---

① 要理解这一点，我们只需如此想象：一群物理学家和一群教育学家都在讨论各自领域的专业问题，你既不是物理学家也不是教育学家（例如，你是银行职员），你更容易参与到哪群人的对话里？一般来说，作为外行的我们更容易加入到教育学家的对话之中，因为教育问题离普通人的日常生活更近。

题？谁不能做好这个作业？谁是好学生？谁是差生？谁是聪明的？谁是懒惰的？谁的记忆力好？谁有学习困难？……这是特定文化所提出的特定问题。在麦克德莫特看来，文化教会了人们应该期望什么，又应该抵触什么，应该喜欢什么，又应该厌恶什么，应该看见什么，又应该无视什么。在某种文化的背景下，某些人的行为会凸现在前景，成为显眼的"怪异"；而在另一种文化的背景下，同样的行为却会隐没，成为不可见（或曰随处可见）的"正常"。在美国自由主义文化的背景下，能读、能写、能说、能记是正常的，做不到这些事情即不正常，是某种病症的表现（McDermott, 1995）。它在不同的年代有不同的名字：在上一代人那里，这可能是"弱智"或"智障"，而对当代人来说，这便是"学习困难症"。随着学校教育里无处不在的竞争关系，以及社会文化里的分类倾向，一个幽灵，被建构的标签幽灵，穿过话语的密林，在校园里游荡。

这些文化人类学家和社会学家重新思考"情境"这个概念，思考戈夫曼在 1979 年提出的问题：为什么一个男生不认识一个课本里的词，会被认为是"差生"（愚蠢），而一个男人在维修厂里不认识一个汽车配件的词，会被认为是没有男子气呢？我们还可以提出许多类似的问题，例如：为什么女孩子喜欢黑色不喜欢粉红色，会被视为一件奇怪的事情？为什么一个女人自己搬重物、修电器、有结实的肌肉，会被称为"女汉子"？麦克德莫特问道："当我们被告知亚当患有学习困难症时，我们看到的是什么？是一个患有学习困难症的孩子吗？还是作为一种文化事实的学习困难症？"（Varenne & McDermott, 1998:15）同样，当我们看到一个举止不同于"常人"的人时，我们看到的是其举止本身，还是作为某种文化标签的"女汉子"、"娘娘腔"或者"外地人"？这样的思考让麦克德莫特意识到，"学习困难"并不是某个人的内在属性，而是一个情境属性："谁是……"的问题在寻找它们的答案——标签在寻找一些能让它们匹配上去的人。在一个必然有区分的教育环境里，某一类人必然会被这些标签俘获，然后这些标签又会影响他人的行为，让他们区别对待这些被俘获的人，从而将这些标签"挖掘"出来，看起来就像那原本就是他们的内在属性似的。在1993年那篇经典论文的末尾，麦克德莫特援引爱尔兰诗人约翰·蒙塔古（John Montague）的童年经历。蒙塔古自幼失去母亲，被同伴奚落，因为早在某个孩子诞生到这个世界之前，这个社会文化情境已经规定好了问题：你必须有一个母亲，你应该有一个母亲，你怎么会没有一个母亲呢？这个问题游荡着，终于俘获了诗人。诗人说，没有母亲已经很难过，为此受到奚落更是一种双重的损失。麦克德莫特随之写道：在一个如此强调比较和竞争的教育系统里，学得比其他孩子慢，或在学习过程中面对更多的曲折，已经是一种伤害，而为此被贴上标签，遭到区别对待，更是一种双重的伤害。这种伤害是那么琐碎，那么隐蔽，但又影响深远，正如蒙塔古所写："有一种缺席，如在场般真实。"

第四节　方法论的辩护与反思

　　麦克德莫特的研究——尤其是关于"学习困难症"的研究——在教育研究领域产生了巨大而深远的影响，也让麦克德莫特成为了一位声名显赫的学者。然而，随着学术声誉一起出现的，是不绝于缕的质疑声。学习困难症真的只是一种文化建构吗？光凭三两个案，何以证明这种观点是正确的？这些问题是米恩、埃里克松、希思、古铁雷斯等学者都面对过的质疑。二十世纪初，在"不让一个孩子掉队"法案颁布（2001年）和美国国家研究委员会的《教育的科学研究》报告发布（2002年）后，这些学者经受着更为严峻的挑战：这种研究"科学"吗？这样的分析有价值吗？这些观点和看法有什么意义？埃里克松和古铁雷斯的回应是极力论证质性研究的科学性和文化研究的重要性（Erickson & Gutiérrez 2002; 另可参见 Gutiérrez & Rogoff, 2003）。麦克德莫特走的则是另一条不尽相同的辩护与反思之路：他提出了"民族志意义上的充分描述"这一方法论上的标准，号召研究者对互动进行细致、深入的记录、分析乃至阐释。

　　1973 年，人类学家格尔茨在其著作《文化的阐释》一书中提出"深描"的方法。这一方法成为民族志、人类学乃至社会科学领域描述社会现象的重要工具。对格尔茨以及他那一代的社会科学研究者来说，社会现象是指某一特定人群或社区的衣、食、行等日常生活的方方面面。而在二十世纪六七十年代之后——在常人方法学、沟通民族志等方法论兴起以来——社会现象在时间与空间的维度上都发生了很大的变化。在时间上，如果说格尔茨的刻度是以一周的生活、一日的起居为单位，那么加芬克尔、冈佩尔茨等学者的刻度就是以分分秒秒、字字句句为单位。在空间上，如果说格尔茨的量度是以一个村落、一个家庭为单位，那么戈夫曼、海姆斯等学者的量度就是以餐桌、诊室为单位。总而言之，这些关注社会互动的学者，在时空的维度上进入了一个更加实时、更加微观的层面。那么，如果仍然想对这种维度里的社会现象进行"深描"，应该怎么做呢？

麦克德莫特认为，"深描"应该能够呈现出社会互动本身的共时性与协作性，以及这种互动所处的特定社会情境。他将这种深描称之为"民族志意义上的充分描述"（ethnographically adequate description）。这样的描述应该满足四个条件，即它应该呈现出（McDermott, 1987:247）：

- 互动参与者是如何建构他们的行为所处的情境的；
- 互动参与者是怎样组织他们的身体姿态，从而激活这种情境的；
- 互动参与者是如何在行为上与这种情境相协调，从而让自己的互动成为他人情境的一部分的；
- 互动参与者是如何与情境相协调，从而让他人为自己的行为负责的。

也就是说，对互动的描述应该能够呈现出互动参与者所实时地建立起来的"操作共识"。麦克德莫特认为，满足这四个条件的"民族志意义上的充分描述"才能揭示出社会秩序是如何在实时的互动中建构并实现的，这种社会秩序是超越个案的，而这样的描述本身也具有完备的内在效度，是一种严谨的研究方法。

麦克德莫特在自己的研究中用这些标准描述他所观察到的互动。在最经典的一项研究里（McDermott, 1977a; McDermott, Gospodinoff, & Aron, 1978），他在一个小学阅读课上界定出四类不同的身体姿态：第一类是标准的阅读姿态，即组内的所有人——包括教师与学生——都低头望着书本；第二类是举手争取话轮的姿态，即教师准备点名某位学生开始阅读，而学生们举手争取这一话轮的姿态；第三类是无序的姿态，即包括师生在内的所有人都各自在做各种事情的姿态；第四类是等待教师的姿态，即教师离开某一小组，到其他的组里活动，而原组的学生等待教师归来的姿态。麦克德莫特发现，在这个按照阅读能力高低分组、教师依次在各个组里组织阅读活动的阅读课堂上，高能力组和低能力组的阅读时间虽然大致相同，但他们的身体姿态却大不一样。低能力组的学生处于标准阅读姿态的时间只有高能力组学生的三分之一；教师在组织低能力组的阅读活动时，常常离开小组去维持课堂秩序，从而让组内的学生处于无序的姿态或等待教师的姿态；或者，他们会耗费大量的时间决定要让谁进行下一段的阅读，即举手争取话轮的姿态。而在高能力组，师生往往能长久地维持在标准阅读姿态里。麦克德莫特和他的同事们认为，师生的不同身体姿态都为其他的互动参与者建构了一种社会情境（第一个条件），而这些身体姿态的变更会终止和激活不同的情境，如教师离开小组的行为将导致终止阅读姿态，激活学生等待教师归来的姿态（第二个条件）。每一种情境都不是单个人可以实现的，而是互动参与者共同建构的，例如教师的"点名"必须要有学生的"举手"作为呼应，才能激活争取话轮的姿态（第三个条件）。最后，在标准的阅读姿态里，无论学生是在阅读，还是在聆听他人阅读，还是在等待自己的阅读话轮，都是一种学习过程；阅读者的阅读和聆听者的聆听，都是情境的一部分，都与此情境相协调，从而使得"学习"成为可能；而其他的姿态则无法为学生提供同样的学习机会（第四个条件）。

根据这样的描述与分析，麦克德莫特等人提出了观点：学校教育里的"失败"并不是一种学生个体的属性，而是在互动中被建构出来的。教师、"成功者"、"失败者"、课程、学校等都参与了这种失败的建构。如果没有对课堂情境进行深描，这样激进的观点很难理解，也很难让人接受。但麦克德莫特基于上文四个条件的"民族志意义上的充分描述"，让这样的建构过程呈现在所有人面前，接受所有人的检验，从而保证了研究的内在效度。

结语 ①

对于中国的大多数读者，麦克德莫特所探讨的问题或许无法带来"切肤之痛"。当我在 2015 年的《上海教育》上引介麦克德莫特关于文化建构的观点时，如其本人一样，我也遭受了读者的质疑。有人怀疑这个故事里反映的解读是一种主观臆测，有人说这种见解颇有新意，有人说这种分析很深刻，还有人说这个故事只是描述了一个现象。更多的人在问：解决的方法是什么？如果我的孩子"患上"了学习困难症，如果我的班级里有这样一个学业表现不佳的学生，我该怎么做？读完了亚当的故事，似乎并没有读出来一个解决方案，这个故事的力量和意义在哪里呢？在本章的结语部分，我尝试站在麦克德莫特的立场，用批判性的视角，回应"应该怎么做"的问题。

首先，我们可以审视"好学生"或"学业成绩好"是以一种怎样的形式存在于我们的观念里的。在一个怎样的环境中，有哪些因素使得一个学生被视为"好学生"？当环境出现了怎样的变化、哪些因素的增加和减少，会使得这个学生会被划入"差生"的行列？以行为表现为例，

---

① 本节的许多观点来自我与华东师范大学教育学部的刘畅博士就麦克德莫特的研究所开展的讨论，许多表述出自刘畅博士，特此致谢。

当我们发现一个孩子已经处于"危险"的边缘时，我们要试着去关注，在一个具体的活动情景里，哪些事件是这个孩子可以成功完成的，哪些事是这个孩子无法完成的？在那些成功的事件里，是哪些因素和条件使得这个孩子成功了？在那些失败的事件里，是哪些因素和条件使得这个孩子失败了？我们可能还需要把眼光放得更远，不仅仅只关注视线范围内的当下。影视作品通过声光电的渲染，总是能很轻松地让我们理解，一个孩子之所以不爱读书，可能是因为在学校里被年长的孩子欺负，与同辈交往时得不到认可，因为某个特定的事件而恶化了与教师的关系，或者正在承受着家庭变故的磨难。但当这些"不爱读书"、成绩不好的孩子生活在我们周围、出现在我们的班级里时，我们却往往看不到这些潜在的、看似微弱却至关重要的联结。而我们能做的或许就是时刻谨记，孩子不是一个孤立的绝缘体，每个孩子都处于与他人的复杂关系和社会交往中，正如麦克德莫特所说，每个人的行为都构成了他人行为所处的情境。课堂也不是孤立的空间，而是与家庭和社会生活有着紧密关联的场域。当我们喊出"理解孩子""尊重孩子"等口号时，我们想到的不应是一个模糊而抽象的群体，而是一个个具象的、有血有肉的、带着其全部过往经历的人，是正在复杂多变、压力重重的社会里努力生存的一个个生命。

不仅孩子是如此。一个成年人可能也会因为与同事交往的问题而在日常工作里终日提心吊胆，从而逐渐抵触或逃避工作；这个成年人也可能会因为没有听懂上司某句话中的言外之意，而总是得不到升迁、重任或奖赏，而身边其他人却好像应付得如鱼得水；也可能只有独立拥有一张整洁有序、不需要跟他人共享的办公桌等种种"物质环境条件"时才能进入高效的工作状态；这些微妙的联结影响着工作中的人，影响着这个人将如何认识工作中的自己，判断自己是不是适合这个工作。对于在学校里的学习的孩子来说，情况也是如此。作为教育工作者，我们能做的可能就是用更耐心、更善意、更敏锐的目光去捕捉这些联结，不武断地否定这些联结对孩子的影响（例如"你就是懒"、"我觉得你就是在找借口"），尊重这些联结对孩子的影响，进而尝试帮助孩子组织建立那些能让他在学校教育里赢得点滴成就、获得微小满足的联结，帮助他们建立"其实我也可以做得到"的自我身份认同。

其次，我们可以限制这些话语的伤害、繁殖和传播。我们被话语所支配，总是在使用过去别人说过的论调，但我们同时也在制造新的话语（Bakhtin, 1981, 1990）。在新的话语里，我们可能无法避免使用标签，但"学生"这个类别里不仅仅有"好学生"和"差学生"，还有更多的可能；我们也无法避免差异的存在，无法阻止差异所产生的压力，但是我们可以为差异的存在制造更多的可能性，让"不一样"幸存下来，让"不一样的孩子"、"不一样的人"更少地因为他们的"不一样"而感觉受到威胁。每一个新的话语、每一次打破"陈词滥调"的努力都是一种新的可能性，它们将给予差异更多的慷慨，为差异打开更为广阔的生存空间。

再次，我们应该对任何一种具有规范功能的体系保持警觉，虽然我们不能否认这个体系及其所运用的标准对于社会分层与流动（如升学、求职、追求某一种更好的生活）的重要性，但是我们不能失去对这些标准的警惕：学校这个系统里衍生出来的一套把人等级化的标准体系，对于现实生活到底有多大的意义呢？生活中有多少时候，会逼迫你进入一种无法得到任何辅助信息、任何帮助、任何合作之可能的情境，作为一个与周围环境绝缘的孤立个体来展示某种能力？生活中的问题，往往都是考验个体是否能够综合运用自己的各种人力和物力资源，从环境中提取有用的信息来解决问题。一个商店里非常会算账的收银员，或者一个找零速度惊人的街头小贩，并不必然是一个能在数学考试里拿到高分的人（Saxe，2004）。亚当的故事里最让人心惊的一点是，"学习困难"这个标签会进入他对自己的认识里，当"我不是学习的料"变成亚当自我认同的一部分时，我们不仅仅看到亚当接受了在学校里变成一个"有学习困难的人"，也能预见到这个标签会如何跟着他离开学校，让他在变成一个"工作也做不好的人"，甚至进入家庭，让他成为"不称职的丈夫"，或者"失败的父亲"。"我不是学数学的料"、"女孩子就是学不好理科"这些话语深深地影响个体如何定位自己是一个怎样的学习者、有没有学习的能力，而这种的影响往往比所谓"天生"的能力（比如智商）要隐秘和深远得多[①]。一个深信自己不会做饭的人，自然不会再走进厨房，不再接触食材和厨具，让做饭这件事不再与自己有关联，获取与做饭有关的知识、经验、技能也不再可能，久而久之，就真的变成了一个不会做饭的人。

最后，我们不能忘记"讲述"也是一种伦理行动（MacIntyre，1981）。故事能让陌生的世界变得熟悉，让看起来"荒谬"的事情变得"说得通"。当我们对他人讲述自己的生活时，我们总在期待回应，我们

---

① 事实上，麦克德莫特还有一系列研究是关注"天才"的文化建构（McDermott，2004，2006a，2006b）。这一系列研究可以被称为"学习困难症"研究的反面。它们殊途同归，都呈现出标签对人的深远伤害。

总在揣摩听众是谁，怎样的讲述能让他们更好地了解，这种讲述本身就为他人理解我们的经历提供了一种渠道，使得人们跨越差异、互相理解成为可能。自述式的故事能够赋予我们一种想象力，让我们从自己的角度去体验他人，也从他人的角度去体验自己；故事也赋予我们一种同理心，让我们对他人在生活中承受的痛苦、恐惧和屈辱更加敏感。我们需要听故事，听他人的故事，听很多的故事。无论我们是否喜欢这个故事，是否愿意敞开自己，接受故事中要传达的意义。当我们从故事的文本里出来，回到现实世界，一切似乎并没有改变，但故事或许已经悄悄地改变了我们的生活。这便是故事的力量，正如麦克德莫特所讲述的故事深刻地改变了美国教育研究的图景，也改变了和他同时代的人以及许许多多的后辈学者那样。

第六章

说·学·做：学习科学的取径

交谈互动为学生提供了一种学习的途径——通过这种互动，学生可以合作地建构愈加精致地接近于科学概念的理解。

—— 杰里米·罗舍尔（Jeremy Roschelle）
（1992:237）

本章关注的是课堂互动和学习之间的关系。在此前的章节里，课堂互动的研究者们都对学习有所涉及，但或多或少都是以一种间接的方式。例如，米恩讨论过 I-R-E 结构对课堂教学的影响（Mehan, 1979）；奥康纳和迈克尔斯等人探讨过"回音"和"负责任的言谈"等话语结构对学习的支持作用（O'Connor & Michaels, 1993, 1996; Michaels, O'Connor, & Resnick, 2008）；古铁雷斯和李都讨论过文化如何通过课堂话语和互动，为学生提供了学习的"准入"机会（Gutiérrez, 1993, 1999, 2009; Lee, 1995a, 2001, 2007）。但是，正如埃里克松描述自己的研究时所说，他们的研究都更多地聚焦于学习环境，以及这种环境所能提供的学习机会，而非学习过程本身[1]。正因如此，米恩和卡兹登在 2015 年的一篇回顾性文章的末尾处指出，我们对学生在课堂上的言语参与和他们的学习之间究竟有什么关系，依然知之甚少，而课堂话语和互动研究的未来发展方向将是关注学习（Mehan & Cazden, 2015）。

在教育研究领域，关注学习的互动研究大多集中在学习科学领域。在第二版的《剑桥学习科学手册》中，主编基思·索耶（Keith Sawyer）指出，学习科学对互动的分析是要在实时发生的维度上探索三个问题：第一，学习者之间的关系和他们的互动模式，以及这些关系和模式的变化；第二，学习者参与到学习过程中的具体实践（如问题解决），以及这些实践的变化；第三，学习者个体的学习结果（Sawyer, 2014:14）。

---

[1] 李的研究稍属例外，她的研究关心具体的学习过程及其结果。事实上，李在西北大学教育与社会政策学院的教职正是在学习科学专业。我们从本节也将得知，西北大学是学习科学的发源地。

索耶强调说，我们只有在前两个维度的基础上才能理解第三个维度。事实上，个体的学习、学习者之间的关系，以及互动的实践及其模式，这三者从来都不能割裂来看，而只能加以整体的考察。本章将首先简要回顾学习科学诞生的背景，随后介绍学习科学对互动和学习的关系的理论探索（即学习科学家对上述三个维度之间关系的理解），接着以科学课堂上的争论模式（即第一个维度）和小组合作学习中的互动实践（即第二个维度）入手，呈现学习科学对于互动和学习的研究取径。

第一节　学习科学的诞生 [①]

1988 年的波士顿，正在休学术年假的乔治亚理工学院教授、计算机与认知科学家珍妮特·科洛德纳（Janet Kolodner）在查尔斯河畔见到了当时任职于 BBN 科技公司的认知科学家艾伦·柯林斯（Allan Collins）。后者是认知科学领域的核心刊物《认知科学》的创刊人之一。科洛德纳向柯林斯抱怨说，《认知科学》变得越来越没意思了："这个刊物发表了太多'整洁'的研究，而缺少一种'邋遢'的视角。"已过知命之年的柯林斯回应道："现在是你这一辈的人——或许就是你自己——要来推动这个领域向前发展，做一些改变了。"（Kolodner, 2004:37）或许觉得这只是一句客套话，科洛德纳当时撇了撇嘴。

科洛德纳的看法也是当时很多认知科学家的普遍感受。作为一个学科，认知科学是在对抗行为主义心理学的背景里崛起的，并且受到了同时期计算机科学发展的极大影响（见本书第二章第一节）。因此，这个学科天然地有着结构主义的血统，即认为人脑——和电脑一样——是一种可以组合与拆解的精细结构，学习可以被理解为一种信息在这个结构

[①] 本节的写作参考了以下资料：Hoadley, 2004, in press; Kolodner, 2004; Sawyer, 2006, 2014。

中被处理的过程。当时的认知科学对学习的研究大多是在精心设计的实验环境（例如交互式的计算机程序、复杂的解谜游戏、环环相扣的问题解决任务）里进行的，而"实验对象"在这些环境里的行为则被拆分为更小的行为单位。认知科学家经由对这些行为单位进行编码、统计和解读，"还原"出人脑的结构图式。这样的取径看似"科学"，具有很高的内在效度与可重复性，却有一个致命的缺陷：人的学习根本不是发生在这种"纯净"的实验环境里的。在日常生活中，学习可能发生在嘈杂的情境里，发生在多人的互动之中，发生在人对特定工具的利用之中。一言以蔽之，认知科学的取径抽掉了"社会"这一重要层面，在真空中研究学习过程，因此不但显得隔靴搔痒，也失去了外在效度——那些通过严谨步骤得到的研究结论，在实验室之外根本派不上用场。而在课堂这样的地方，正统的认知科学家将遭遇极大的恐慌：那么多携带着不同"无关变量"的人，那么多同时进行的事件，那么多不同的行为目的与走向，完全无法用任何实验方法加以控制。这就是科洛德纳所说的"邋遢"的含义。而这种"邋遢"，恰恰是学习得以发生的真实情境。

认知科学所面临的困境也反映出心理学和教育研究之间长久以来的矛盾。心理学从哲学与生物学中独立出来，得益于实验方法的革新（如威廉·冯特 1879 年在莱比锡大学建立的第一个心理学实验室），其根本目标——与其他以实验为根基的自然科学一样——是描述、解释与预测。而教育研究从骨子里是一种规范性的学问——它必须回答"怎样才是好"和"应该怎么做"的问题。实验室可以为描述、解释与预测提供可靠的答案，却无法回答规范性的问题，因为"怎样才是好"和"应该怎么做"的问题本身必须在特定的情境里才有意义。这两个范式之间的冲突通常被视为桑代克与杜威之间的争论（Lagemann, 2000; Tomlinson, 1997）。在行为科学和认知科学的连番冲击下，杜威所代表的基于经验、扎根真实情境、指向行动的取径在六十年代后式微，"教育学"让位于"教育心理学"。

在历史车轮的另一面，计算机科学同时催生了人工智能与设计科学。这个迥异于此前任何学科的领域提倡用工程的视角看待教与学的过程，即——通俗地说——创造某个新的东西，把它放到特定的情境中，看看会发生什么事情，然后调整和改进这个东西，再放回情境中，看看事情有什么不同，然后又调整和改进，直至某种既定的目标得以达成。这种设计的思路引导一部分厌倦了实验的认知科学家着手教学设计的研究。从七十年代到八十年代，认知科学、发展心理学、教育心理学、计算机科学、人工智能、设计科学、教育学……这种种不同的学科、不同的取径、不同的范式之间累积着越来越多的张力；即使在认知科学内部，也存在不同流派之间的分歧。现任纽约大学教授的克里斯托弗·霍德利（Christopher Hoadley）描述了当时的亲身经历。1989 年，他在麻省理工学院读大学三年级，同时参与了两个研究项目：媒体实验室西摩·帕佩特（Seymour Papert）的"学习与知识论"项目，以及脑与认知科学系苏珊·凯里（Susan Carey）有关概念转变与科学推理的项目。虽然同为认知科学家，凯里遵循传统的发展心理学范式，而帕佩特更偏向设计的取径。霍德利清楚地记得有一天，帕佩特和凯里都问他为何要到对方的研究项目里做事——"干嘛费那劲儿呢"（Hoadley, in press）？

在这种种的张力与冲突之中，新的融合正在萌芽。1989 年，三位认知科学领域的顶尖学者——人工智能专家罗杰·尚克（Roger Schank）、认知心理学家柯林斯和计算机科学家安德鲁·奥尔托尼（Andrew Ortony）——找到了科洛德纳，希望后者主持创办一份新的学术刊物。当时，随着安盛咨询①注入一笔三千万的研究经费，西北大学成立了学习科学研究所。"学习科学"这个词并非深思熟虑的结果，而是临时想出的一个名字，用以区别于"认知科学"。虽然有了名号和机构，这些学者觉得当务之急是创办刊物，让那些同样不满于认知科学的同道中人能够找到发声的地方。科洛德纳临危受命，接下了这份任务。1991年1月，第一卷第一期的《学习科学杂志》面世，成为了学习科学的主阵地。自诞生之日起，这本刊物就区别于当时认知科学领域的其他杂志：它不像《认知科学》和《认知与教学》（*Cognition and Instruction*）那样独尊实验方法，脱离真实情境，也不像《交互学习环境》（*Interactive Learning Environment*）和《教育技术学》（*Educational Technology*）那样偏重计算机与信息技术。

同样是在1991年，在尚克等人的努力下，已经在1989年举办过第一届的教育人工智能年会（Artificial Intelligence in Education）更名为国际学习科学年会，在西北大学举办。在这个可以说是学习科学诞生的校园里，许多有志于在真实情境里研究学习过程的学者第一次聚集起来。同道中人终于认识了彼此。尽管这样的尝试并没有被其他领域的同行买账——1993年，年会又重新回到"教育人工智能"的名字，学习科学这一新生儿被排除在外——但是学习科学的发展势头已经无法逆转。五

---

① 即如今的埃森哲（Accenture）。

年后的 1996 年，独立的国际学习科学年会在西北大学举办。从此之后，年会每两年举办一次，成为学习科学家们交流研究进展的盛会。

也是在 1990 年代初，关心教育问题的计算机科学家、关注计算机发展的认知科学家和教学设计研究者也开始聚集。1991 年，就在第一届国际学习科学年会在伊利诺伊州北端的西北大学召开之际，伊利诺伊州南端的南伊利诺伊大学也召开了一次具有历史意义的小型工作坊，其发起人是计算机科学家蒂莫西·科施曼（Timothy Koschmann）。除了北美学术界之外，这个会议还召集了欧洲国家（尤其在教育技术学领域拥有深厚研究传统的挪威、瑞典等国）的同行。在这个工作坊上，世界各地的学者们也达成了共识：脱离传统的"应用"取径（即研究计算机如何"应用"于教育），运用社会文化理论等新的框架来重新审视计算机和教育的关系。1995 年，第一届计算机支持合作学习年会（Computer-Supported Collaborative Learning Conferences）在印第安纳大学所在的布卢明顿召开，同样是两年一届，在年份上恰好与国际学习科学年会错开。

到了九十年代末，认知科学、计算机科学与心理学领域大部分在真实情境里探索学习的研究者都投向了以《学习科学杂志》、国际学习科学年会与计算机支持合作学习年会为阵地的学习科学阵营。社会文化理论、情境性认知、分布式认知等新的理论成为了这些研究者共通的研究基础，而设计实验研究（A. L. Brown, 1992; Collins, 1992）、互动分析（Jordan & Henderson, 1995）、言语协议分析（Chi, 1997）等新的方法也成为了他们共同采纳与运用的取径。研究领域的边界越来越清晰，研究者的身份认同感也越来越强烈，他们也越来越感觉是时候建立"组织"

了。从 1999 年开始，《学习科学杂志》的创刊主编科洛德纳、计算机支持合作学习年会的创办人科施曼，以及从伯克利加州大学毕业不久的霍德利开始筹划建立协会。在 2002 年 10 月的西雅图，第五届国际学习科学年会终于见证了一个全新的学术组织之诞生：国际学习科学协会。这一协会统领了国际学习科学年会和计算机支持合作学习年会，为二者的可持续发展提供了制度上的保证。2005 年 3 月，协会与施普林格出版公司签约，正式创办《国际计算机支持合作学习杂志》。至此，学习科学完成了组织、人员、会议与刊物的一系列制度建设，从认知科学、计算机科学和心理学中独立出来，成为一个边界清晰、体系完整的研究领域。

经历了近三十年的发展，学习科学成果丰硕：26 卷《学习科学杂志》、12 卷《国际计算机支持合作学习杂志》、12 届国际学习科学年会、13 届计算机支持合作学习年会，以及国际学习科学协会的千余名成员。如今，学习科学已经成为了一个成熟的研究领域，其研究具备四个特征（Hoadley, in press）：扎根于真实情境（real-world contextualized）、基于经验（empirical）、跨学科（interdisciplinary）、以行动或设计为导向（action- or design-oriented）。其中，最根本的特征——与认知科学划清界限的特征——便是扎根于真实情境。

这一特征使得"互动"天然地处于学习科学研究的核心地位。区别于认知科学，学习科学力求展现学习真实发生的过程，而避免用计算机式的输入—输出模型来理解学习的机制。而在真实的情境中，学习必然在社会互动中发生，这就使得互动本身成为学习科学无法绕开的研究对象。另一方面，区别于社会学、人类学和语言学，学习科学当仁不让地聚焦于学习本身，而不仅仅关注学习之所以发生的社会因素与环境。接下来，我将论述学习科学对互动与学习之关系的探索。随后，我将以学习科学的两个核心研究领域为例，展现这一取径切入课堂互动的具体方式。

第二节　互动与学习的关系

如上一节所述，学习科学是在认知心理学的基础上发展起来的。在学习科学的萌芽阶段，认知心理学在学习这一问题上的主流取径是建构主义。在建构主义的旗帜之下，又可以粗略地区分出两个阵营，各自受到两个心理学家的深刻影响。第一个阵营偏向皮亚杰的建构主义理论，第二个阵营偏向维果茨基的社会文化理论。他们在不同的理由和分析维度上关心互动和学习的关系。

在皮亚杰的理论中，学习的本质是通过图式的同化与顺应，从认知失衡达到新的认知平衡的过程。我们每个人的头脑中都有一些结构化的图式，它们决定了我们认知和理解外部世界的方式。例如，对于"解一元一次方程"、"识别鸟类"、"做红烧肉"、"理解诗人的隐喻意象"等任务，我们会基于固有的概念系统（例如"什么叫'元'、什么叫'次'"、"鸟类包括哪些特征"、"怎样的肉才是红烧肉"）去理解，然后运用固有的步骤去解决（即"首先……然后……接下来……最后……"）。学习首先发生在这些图式不再适用的时候，即学习者遭遇认知冲突的时候，例如当方程中不但有 x，还出现了 y 的时候。这时，学习者会首先尝试将这种认知冲突同化到已有的图式之中（如将 y 置入"元"的概念里，变

"一元一次"为"二元一次"）。但在有些时候，认知冲突无法被纳入已有的图式之中（例如企鹅无法被纳入"鸟会飞而不会游泳"的图式中），则需要改变已有的图式，顺应新的认知冲突。通过同化或顺应，学习者学会了"企鹅是鸟"、"解二元一次方程"等知识或技能，达到了新的认知平衡。那么，互动在这一过程中起到何种作用？在皮亚杰的理论体系中，社会互动的主要功能是作为认知冲突的来源。经由与他人互动，学习者接触到新的认知冲突，从而触发图式的同化或顺应过程。换言之，如果不与他人互动，我们就不会觉得外部世界有任何"奇怪"之处；只有当我们与他人互动时，我们遭遇新的情境、信息或知识，与已有的图式发生抵触，这时学习才会发生。因此，皮亚杰所论述的是同伴互动（peer interaction），或者宽泛意义上的社会互动，而并未强调与师长互动的重要性，因为互动本身并没有意义——互动所带来的认知冲突才是学习的驱动力。

但在维果茨基看来，互动则是学习的根本，是学习得以发生的载体。学习并非认知图式的改变，而是文化工具的内化，而语言正是人类最核心的文化工具。在社会互动中，学习者将文化工具内化到个体的心灵之中。维果茨基指出，所有的认知功能在其发展过程中都出现了两次：第一次发生在人际之间（interpersonal），然后再内化至个人内部（intrapersonal）。维果茨基以手指的"指向"为例，对此加以解释。他认为，当一个婴儿最初用手指向一个物体时，这仅仅是一个生理上的动作，是一次抓取物体的尝试；只不过因为物体并不在婴儿手臂的范围内，所以这一尝试失败了。换言之，这一动作本身并不具备"指向"的含义。然而，当婴儿的母亲看到这个动作时，母亲将其理解为"指向"，循着婴儿手指的方向发现了物体（如一件玩具），并将物体递给婴儿。在这个社会互动过程中，这个动作的本质发生了根本的变化：它不再仅仅是一个生理上的动作，而具有了文化的含义，成为了一个人际交往的动作。当婴儿多次抓取物体失败，但又能获得母亲的帮助时，她就会意识到这个动作的社交含义，从而习得"用手指向"这个动作——或者说，将"用手指向"这个文化工具内化到自己的心灵之中（Vygotsky，1978:56-57）。这便是学习发生的过程。可以看出，社会互动并不是认知冲突的来源，而是学习的基本媒介。或者毋宁说，学习并非发生在学习者个体的头脑之中，而是首先经由文化工具的中介，发生在社会互动之间，然后再一次发生在个体内部，实现内化的过程。因为互动是学习不可替代的媒介，而并非仅仅是认知冲突的来源，维果茨基尤为强调成人和儿童之间的互动，认为这种带有能力差异的互动能创造出"最近发展区"，从而促进儿童的学习与认知发展（Chaiklin, 2003; Vygotsky, 1978）。

二十世纪七十年代后期，维果茨基的社会文化理论译入美国，开始在北美心理学界和教育学界流行。这一理论强调真实情景中的社会互动，恰恰与八十年代开始萌芽的学习科学不谋而合。很快，《社会中的心灵》（*Mind in Society*）成为学习科学界争相引用的著作，成为学习科学的主流理论框架。接受了社会文化理论的学习科学家们沿着维果茨基的辩证法，进一步探索互动与学习的关系。在本节的余下部分，我将介绍情境认知理论。这一理论由琼·拉夫（Jean Lave）、艾蒂安·温格（Etienne Wenger）、詹姆斯·格里诺（James Greeno）、于尔约·恩格斯特朗（Yrjö Engeström）、安娜·斯法尔德（Anna Sfard）等学者建构与发展，对学习的本质和机制有革新性的理解，深刻地影响了学习科学的发展方向。

在皮亚杰的图式理论中，知识是存在于个体内部的，或者象征地说，寄寓于人的头脑之中。但在维果茨基的社会文化理论中，知识并非个体所有，而是生成并存在于人际交往之间。那么，"习得"的隐喻就不再适合于描述学习了，因为我们无法"得到"知识，也无法"拥有"知识。学习并不是把外部的某种东西（如"牛顿第二定律"）吸收到头脑之中，而是更娴熟地"参与"到某种社会互动的活动之中。也就是说，学习是一种参与，而不是习得（Sfard, 1998）。拉夫和温格在《情境学习：合法性边缘参与》一书中以助产士、裁缝、屠夫等多项职业中的学习过程为例，展示了学习的参与属性（Lave & Wenger, 1991）。举例来说，学着当一个裁缝并不意味着改变头脑中的某种认知结构，而是意味着参与到一个裁缝店的日常实践之中。刚刚入行的小学徒可能只能给老裁缝打打下手，例如缝缝纽扣之类的。但在缝纽扣的过程中，这个新学徒能够观察到其他入行更早的学徒是如何完成裁布、打样、做袖子等工序的。更重要的是，尽管缝纽扣是边缘性的工作，但这也是做衣服的必要步骤，因此是一种"合法"的参与。慢慢地，新学徒开始学着裁布、学着打样，从边缘性的角色逐渐挪向核心的角色，后来开始独自制作小孩的衣服，最终发展到能够独自制作成人的礼服，成为一个正式的、成熟的裁缝，并开始招收与指导下一代的学徒小裁缝。这个过程便是学习。

合法性边缘参与在学校情境里无处不在。例如，在幼儿园里，学前儿童的一个重要的学习目标就是学会过集体生活，而其中一个主要的学习途径是做广播体操。小班的孩子们初次学做操的时候，教师会带领他们在操场边排成一列，他们的"学习活动"就是列队行走。这对于三岁的小孩来说，已经是很有挑战性的任务了。随后，教师会让这些孩子们跟着自己做一些简单的肢体动作，但是没有队列的概念和"整齐有序"的要求。等他们再大一点，教师才会要求他们排成整齐的队伍，并开始教他们规范的广播体操动作。最后，他们不但需要完成标准的动作，还要做得有"精神"（Liu & Tobin, 2018）。在这整个过程中，小班的孩子虽然不会做规范的体操，但他们有机会观察到操场中央的大班孩子是怎样做操的，并且他们正在学习的列队行走，以及随后要学习的肢体动作等，也都是广播体操的"合法"组成部分。所谓学习的过程，就是从操场边缘的简单动作，向操场中央的复杂动作接近的过程。而这一过程，无论在最初还是最后，都是集体生活的参与。这种参与就是学习本身。

在学科课堂的情境里，我们同样可以用合法性边缘参与来解释学习的发生过程。例如，在科学课堂的小组实验活动中，有的学生负责实验的设计，有的学生负责仪器的操作，有的学生负责数据的记录，有的学生负责实验报告的撰写。这些角色的分工虽然有核心和边缘的差异，但对一项实验活动来说，它们都是合法参与的一部分。一个原本负责记录数据的学生，上一次观察到更有经验的同伴操作仪器的过程，下一次可能就会尝试着自己操作仪器。当我们论及这一组学生的科学素养时，分别谈论其中每一个学生个体的知识掌握程度就没有太大的意义，因为我们很难论证一个设计实验的学生必定比一个撰写报告的学生具备更多的科学知识或更高的科学素养，或者反之（Roth & Lee, 2002, 2004）。科学知识或素养并不是（或并不仅仅是）存在于每一个学生的头脑之中，而是分布在这个小组之间，体现在他们共同完成实验任务的活动当中（参见 Hutchins, 1995）。因此，只有整体地考察小组实验的活动本身，分析这个活动的推进过程，才能理解这个小组的学习过程。

总之，传统的认知心理学从个体层面解释学习这一现象，而学习科学更多地是从社会层面——或者说，交往、参与、活动、实践的层面——来解释学习。什么叫"学习代数"？什么叫"能够对宾语从句进行拆分"？"理解了光合作用的原理"又是什么意思？这些问题都可以从参与某一具体活动的层面加以描述和解释。值得强调的是，和其他的科学研究一样，学习科学所做的并不是"发现"新的现象，而是为现象"建构解释"。也就是说，皮亚杰和维果茨基在理论上的差异或"分歧"，并非在于某一个现象是否存在，而是在于如何解释这个现象（Greeno & Engeström, 2014）。因此，我们不能说皮亚杰的理论是"错误"的，维果茨基的理论是"正确"的，或者反之。这两个学派的区别在于对学习这一现象的分析焦点有不同的侧重：皮亚杰及其同道更关注个体层面，而维果茨基及其同道更关注社会层面。

由于对社会文化理论和情境学习理论的认同，以及重视真实情境的历史原因，学习科学家比认知心理学家更加关注互动。这种关注可以分两个方面来解读。一方面，在维果茨基的理论中，思维和语言是辩证统一的，通过考察人们在参与学习活动时的言语交谈，我们能够考察思维的进程（Vygotsky, 1978, 1986）。正如斯法尔德所说，"思考就是人际交往的个体化形式"，而"具备某一学科的知识——例如数学、科学或历史——也可以被描述为具备以某种特定形式与他人思考和谈论某些特定形式的客体的能力"，因此"学科知识本身就是话语，即特定形式的交往方式"（Sfard, 2015:249）。另一方面，任何学习都是具身的；身体无时无刻不是同大脑一样[1]，参与到认知活动之中的。即使是在极其抽象、对高阶认知水平要求极高的数学科目，一个学习者也要运用身体来参与学习过程。例如，体现基本数学思维的竖式运算，就需要学习者的眼睛与手有一致的协调和运动，才能完成进位等操作（Abrahamson & Lindgren, 2014; Deliema, 2017）。在真实情境的实践活动（而不是人为设置的实验情境和认知任务）中，身体的参与就更加不可或缺（Alibali & Nathan, 2012; Goodwin & Goodwin, 1996）。在课堂情境的学习活动中，学生与教师个体的身体动作、师生之间、学生之间的身体交流，都对学习过程都有着重要的影响（Enyedy, 2005; Jurow, Hall, & Ma, 2008; Roschelle, 1992）。

总而言之，学习科学自诞生之始，就对互动有着深入的关切。这种关切一方面来自于社会文化理论、情境学习理论、分布式认知理论的源流影响，另一方面来自于这一领域对真实情境中的实践活动的强调。本章的余下两节将以争论话语和小组合作学习为例，呈现学习科学对课堂互动的具体研究。

---

[1]——如果有"身体"与"大脑"的二元区分的话。但其实，大脑归根结底也是身体的一部分。

第三节 争论的话语与科学教育

上一节已经指出，维果茨基的社会文化理论是学习科学的主流理论框架。这种理论将思维视为一种社会互动，而学习不但是这种社会互动的产物，本身也更是一种社会互动（Greeno, 2014; Gutiérrez & Rogoff, 2003）。从这一角度来看，学习的结果就不是孤立的信息、事实、概念、知识等物，也不是一人独自面对世界时所需的种种技能，而是社会交往的能力。换言之，学习就是学会以特定的方式说话、以特定的方式与人沟通（Lemke, 1990; McDermott, 2011; Wertsch, 1993）。随着维果茨基的社会文化理论引入美国，新维果茨基学派迅速壮大，这一视角得到了越来越广泛的认可。在学习科学领域，扎根于各个学科的研究者都在关心同一个问题：在特定的学科里，何种说话的方式是最根本、最独特、最核心的？如果说学习就是学会说话，这个学科需要教会学生怎样说话？得益于科学学研究、科学知识社会学、科学史研究等学科的传统（如 Bazerman, 1988; Latour & Woolgar, 1979; Latour, 1987; Lynch, 1985），科学教育的研究者达成共识：争论是科学最根本、最独特、最核心的话语；学习科学，就是要学习争论的说话方式（Driver, Newton, & Osborne, 2000; Duschl, 2008; Kuhn, 1993, 2010）。争论是科学家用以进行职业科学工作的话语，也就是科学理论和事实得以生产的话语；不仅如此，通过争论学科学还能发展学生的认知与元认知能力、沟通技巧和批判性思维，促进他们对科学本质的理解（Bricker & Bell, 2008; Kuhn, 2005; Jiménez-Aleixandre & Erduran, 2008）以及对科学知识的认识论发展（Chinn, Buckland, Samarapungavan, 2011; Sandoval, 2005, 2014; Sandoval, Sodian, Koerber, & Wong, 2014）。1990 年代以来，认知心理学家、教育心理学家、学习科学家和教育研究者一直致力于争论话语和科学学习的探索。

究竟什么是争论（argumentation）？这个概念至少有两种理解的角度。第一种角度认为争论就是为观点做辩护，即论证某个观点的真实、合理或正确性；第二种角度认为争论就是说服他人。无论是辩护观点还是说服他人，我们都需要进行一系列规范的话语活动，包括提供证据、做出解释、列举反例等等，这些话语活动的总和就是争论。而这两个视角的区别在于，前者更加注重争论的科学属性，后者更加注重争论的社会属性。这一区别造就了争论研究领域的前后两个发展阶段。为了区别二者，下文将用"论证"指代第一种视角，用"争论"指代第二种视角。

从 1990 年代初到 2000 年代中期，科学教育研究界主要遵循第一种视角，即认为争论就是为观点做辩护。为了辩护某个观点，我们需要作出论证。最有影响力的论证模式由英国哲学家斯蒂芬·图尔敏（Stephen Toulmin）提出，包括六个元素：观点、证据、凭证、支持、限定、反驳（Toulmin, 1958）。例如，为了辩护"今天应该带伞出门"这一观点，我们或许会这样论证：

天气预报说今天会下雨，所以今天应该带伞出门。

这样的论证看似合理，却是不完整的，不符合图尔敏的论证模式。一套严格遵循图尔敏模式的论证应该是这样的：

天气预报说今天有很大可能会下雨，如果不带伞就会被淋湿，而人被淋湿了很容易感冒，所以除非你有雨衣，不然今天就应该带伞出门。

早期研究就是关注学生是否有能力做出图尔敏论证模式层面上的规范论证，这一类研究后来被称为争论的结构研究（Manz, 2015）。很遗憾（也很在情理和意料之中）的是，无论是在课堂的口头对话中，还是在学生的书面测验里，这样完备的论证都是极其少见的（Bell & Linn, 2000; Kelly & Takao, 2002; Osborne, Erduran, & Simon, 2004; Yang, 2004）。更常见的情况是，学生仅仅摆出观点与证据——甚至仅仅摆出缺乏任何证据支持的观点——而需要教师补充更多的元素，例如在英国八年级课堂上有关"你是否支持动物园建设"的争论时，学生的观点是："我反对。如果动物总是在同一片地方走动，它们会很生气，然后就会变得很危险。"而教师的回应是："这是个反对意见，对吧？所以被关起来可能会改变它们的行为。"（Erduran, Simon, & Osborne, 2004:922）在这段对话中，"我反对"是这位学生的观点，其后的"如果动物总是在同一片地方走动，它们会很生气，然后就会变得很危险"一句是支撑这一观点的证据。教师随后用回音认可了学生的回答，并重新转述了他的话："被关起来可能会改变它们的行为"，这一句可以被视为是证据的凭证，因为它为"动物会很生气，然后就会变得很危险"（证据）为什么可以用以"反对"动物园（观点）提供了一种推理性的联结。所以，学生自己的话语仅仅是一种观点－证据的简单论证，而教师的回音则将其补足为观点－证据－凭证的形式。然而，这离图尔敏的标准结构还差得很远。类似的研究也发现，学生很少为他们的论证提供凭证和支持，也很少为反驳留出空间；在低年级段的课堂里，学生甚至很少主动地引用证据。

大多数研究者把这种论证不足的现象归结到三个原因：第一，学生缺乏论证的知识；第二，教师缺乏引导学生进行论证的意识或能力（Driver, Newton, & Osborne, 2000; Duschl & Osborne, 2002）；第三，传统的科学课堂没有给学生提供论证的话语空间。与此对应，研究者也从三个维度出发，开始探索何种教学能够促进学生的论证能力。有的研究发现，在课堂上向学生直接教授论证的结构，能起到很好的效果，立竿见影地促进学生的论证表现（Zohar & Nemet, 2002）。有的研究发现，教师的某些特定的话语——如开放式问题——能显著地促进学生的论证（McNeill & Pimentel, 2010），而通过有针对性的教师培训和专业发展项目，教师能够培养论证的意识，并习得这样的话语，从而为学生的论证提供有效的引导与支持（Sampson & Blanchard, 2012）。有的研究发现，通过在课堂上引入与科学相关的社会议题（如全球变暖、转基因食物、核能源利用等），原本无须论证的、铁板钉钉的正统科学知识变得"松动"了，课堂上出现不同的意见和观点的冲突，为自己的观点进行辩护的行为也就自然发生了（Cavagnetto, 2010; Kolstø, 2001; Sadler & Zeidler, 2004）。

在上述三个维度的研究中，最值得注意的是第三个维度，因为它关系到科学素养的一种转向：从职业科学转向日常的问题解决。百余年来，科学教育的目标是培养职业科学家，但教育工作者也不得不承认，大部分接受了多年教育的学生在离开学校后并不会成为职业科学家。科学教育对非职业科学家的普通人来说意味着什么？有些研究者指出，普通人与科学相遇的主要方式是阅读科学信息（如读报、看新闻、浏览网络帖子等），以及和别人交流这些科学信息（如和家人交流养生的方法、参与社区里和科学有关的公共事务），而科学教育应该教授人们识别这些信息之真伪，从而拥有做出理性判断与决策的能力（Feinstein, 2011; Korpan, Bisanz, & Bisanz, 1997; Norris & Phillips, 2003）。在这些阅读和交流科学信息的日常情境里，科学并不是我们所面对的唯一问题，甚至不是最核心的问题。我们需要考虑的诸多因素可能与科学毫无关系，甚至与科学考量大唱反调，例如经济考量（"我相信这款洗发水更好，但它贵得太离谱了"）、伦理—政治观念（"我觉得化工厂有害，但我不认为普通居民应该插手此事"）、已有的价值判断（"化学工业就是坏，无论正在筹建的这个特定工厂究竟在干什么"），等等。其次，作为普通人，我们既无法生产新的知识，也不能用科学方法去检验旧的知识。也就是说，如果我们是科学家，我们或许可以把多种洗发水带入实验室，去检测它们对头皮、头发生长的影响，也或许有机会带上仪器，实地考察化工厂的污染指标。可是普通人没有条件这样做。第三，普通人需要做的是对既有的信息做出判断：何为真，何为假？我所看到的信息可靠吗？第二点和第三点所揭示的是一种"认知劳动分工"：科学家负责生产与传播新的知识，而普通人负责判断这些知识的真伪优劣（Bromme,

2005）。简言之，我们在日常生活中遭遇到的科学，往往并非是严格的科学问题及其相关知识（如：氰化钠遇水是否会产生有毒气体？），而是与科学有某种距离的日常决策问题（如：我应该买哪种防霾口罩？）。这种呈现在日常生活中的科学问题，往往掺杂着许多非科学的经济、社会、伦理道德、个人价值因素。而我们在做决策时，科学因素也往往让位于非科学因素。因此，这些研究者呼吁，科学教育界应该将这些议题引入课堂，从而让学生有机会接触到这些与他们离开学校后的日常生活真正相关的问题，并且让他们有空间去思考、言说、争论、辨别与决策这些问题（Feinstein, 2011）。

随着科学素养的这种转向，从 2000 年代中后期开始，研究者们开始反思科学论证（即第一种视角）的局限性。正常的成年人在日常生活中是不会按照图尔敏的论证模式来说话的（Kuhn, 1991, 1993）。换言之，我们通常的论证就是"今天会下雨所以要带伞出门"，这就足以让人理解，而不会为其加上凭证、支持、限定等一大堆元素。那么，论证的意义究竟是要满足内在的完备性，还是要实现某种社会行为？或者说，如果甲原本没想要带伞出门，乙告知说"今天会下雨所以要带伞出门"，因此甲决定带伞出门，那么乙这句话算不算一个有效的论证呢？学习科学家利玛·伯兰（Leema Berland）和布赖恩·赖泽（Brian Reiser）指出，关于论证的研究长久以来忽略了社会性的维度，论证——或言争论——必然发生在某个社会情境中，在这个特定的情境中具有沟通与交往的意义——这个意义便是说服他人（Berland & Reiser, 2009）。因此，在分析学生在课堂上的争论时，研究者不仅要关注争论话语本身的属性（如是否满足图尔敏的论证结构），更要关注话语所在的社会情境，以及它所要实现的目标[①]。

例如，伯兰和大卫·哈默（David Hammer）研究了美国中西部地区一个小学六年级班级里的课堂争论。在这个课堂上，研究者观察到了很典型的 I-R-Rv 结构的对话，例如，在讨论生命体与非生命体的时候，教师指着一幅飞行的海鸥的图片，向多名学生分别征求观点：

表 6-1（Berland & Hammer, 2012:75）

01 学生 A：	是的，如果它要飞的话，就必须是活的，它才能去它想去的地方，哪怕就是飞到水上去。
02 教师：	所以它必须是活的才能飞，你是这个意思吗？
03 学生 A：	是的。
04 教师：	好的，B？
05 学生 B：	因为它在移动？
06 教师：	因为它在移动？因为它在移动。
07 教师：	好的，C？
08 学生 C：	因为它能呼吸，还能……呃，还能看见，能吃东西。
09 教师：	因为它能呼吸？
10 学生 C：	还能看见东西，能吃东西。
11 教师：	能看见东西，能吃东西。

---

① 同样重要的是，研究者还应在更宏观的知识生产背景下理解争论的意义，即：争论的目的在于发展特定的知识。事实上，任何科学实践（如寻找证据、提供解释、建立模型、进行争论等）的发展都是为了满足特定知识的发展需要，即：科学家希望生产出什么样的知识，才会发展出特定的科学实践。一个典型的例子是变量的控制。我们在实验过程中控制变量，是因为我们想区分出不同的因果关系。如果因果关系不是知识发展的目标的话，变量控制这种科学实践也就不可能发展出来。

上述对话是传统的课堂对话，不存在不同意见，也没有争论。但是，这个课堂上也出现了很多争论的对话。例如，在一节有关生态系统的课上，教师用计算机软件模拟了一个由狐狸、兔子、青草和某种未知的入侵物种所组成的生态系统，并呈现出每个物种在一段时间内的数量波动数据。已知的条件是狐狸吃兔子、兔子吃青草，学生们需要通过数据判断入侵物种的食物来源。在全班讨论开始之前，教师强调了两点：第一，讨论的目的在于达成共识；第二，任何观点都需要有证据支持。在讨论中，有一位学生 T 认为入侵物种吃的是兔子；学生 I 不同意他的观点，因为数据显示，当兔子数量减少至零时，入侵物种的数量仍然在增加；另一位学生提出入侵物种吃的是草，又遭致学生 T 的反对。下表呈现了这段对话。

表 6-2（Berland & Hammer, 2012:79）

01 学生 I:	在图的末尾，兔子都死了，它们（入侵物种）怎么还会增长呢？
02 学生 T:	你是什么意思？你是什么意思？等等，你是说这里，当它们都死了，它们怎么还会增加？
03 学生 I:	入侵物种怎么还会增加？
04 学生 T:	因为它已经吃掉了兔子！
05 学生 I:	你说过如果它吃兔子，那如果它没东西吃了，就会死掉的。
06 教师:	T，他（学生 I）的意思是如果它吃兔子，那么如果兔子的数量是 0 了，入侵物种怎么还能生存呢？
07 学生 Y:	可能它吃草。
08 众学生:	（喧哗喊叫）
09 学生 T:	它不吃草。

10 教师：	（对其他学生）嘘……
11 学生 Y：	啊，T，你什么都不懂。
12 学生 T：	可能它也吃狐狸，但不吃草……
13 学生 T：	你看，一直看到这里，你能看到它一直增加，就像这里，对，你看，当它（入侵物种）增加，（草）还是不变的……还是不变……还是不变……
14 众学生：	（无法辨别的喧哗声）

在上述对话中，学生 T 在激烈地为自己的观点而辩护。与之前的 I-R-F 结构相比，这种辩护有三个显著的特征。第一，辩护者直接回应并反驳质疑者的不同意见，而非通过教师的"中转"。当学生 I 质疑入侵物种为何还会增加时（03），学生 T 直接回应"因为它已经吃掉了兔子"（04）。第二，辩护者甚至可以忽略、不回应教师的引发。当教师回音了学生 I 的观点，并且通过转述的形式继续质疑时（06），学生 T 并没有回应；直到学生 Y 提出入侵物种可能吃草的时候（07），学生 T 才直接否认了他的说法（09）。这种话轮转换的结构完全打破了 I-R-F 的传统。第三，这种辩护必须有证据的支持，并且要有解释，而不能仅仅是"个人看法"。面对学生 I 和 Y 的连续质疑，学生 T 回到了数据上，他引导质疑者看到图表中的数据（13，"你看，一直看到这里，你能看到它一直增加，就像这里，对，你看"），并解释数据中的问题（13，"当它（入侵物种）增加，（草）还是不变的"）。唯有如此，他的观点（即入侵物种以兔子为食）才有可能胜出于其他观点。这也体现出争论与论证的一个重要的区别：争论必然是在社会情境中，面向特定的受

众，指向说服他人的目的，而论证可以是"自说自话"，只需要"自圆其说"即可，并不必然需要考虑受众。我们可以看到，学生 T 的话语一直是指向特定受众的，其中一直有"你"的存在（02，"你是什么意思？你是什么意思？"；13，"你看，一直看到这里，你能看到它一直增加，就像这里，对，你看"）。而在之前表 6–1 的对话里，每个学生的话语都仅仅指向教师这一个受众，并且其目的是呈现自己的想法，而不是要说服教师。

为什么同一个班级的师生，有时会争论，有时争论不起来？伯兰和哈默指出，这足以证明，学生并不是缺乏争论的能力，而是——用我们的话来说——"在什么山头唱什么歌"。他们用戈夫曼的"框架"（frame）理论来阐释这一点。在表 6–1 的对话里，教师将讨论框架为"观点分享"的情境，所有的学生回应都汇集到他那儿，而他对这些回应进行分别的回音或反馈。在这样的互动中，学生之间还是有竞争关系——他们要竞争话轮，争相表达自己的观点（正如第三章提到的"话轮鲨鱼"，Erickson, 2004）。但在这样的框架里，互动参与者可以多赢：学生 A、B、C 都是赢家，因为他们都表达（或言分享）了自己的观点。尽管也有不同观点（如"它在移动"和"它在呼吸"就是不同的观点），但其间没有冲突。但在表 6–2 的对话中，讨论已经被教师框架为"争论"的情境，他在讨论伊始就强调，大家终须达成共识。既然要达成共识，某一个观点就必须胜出，而其他的观点都要失败。在这样的情境中，不同的意见之间形成了直接的冲突，据理力争的争论与说服才会发生。基于这样的阐释，伯兰和哈默强调，重要的不仅仅是教会学生争论的技能，还是让他们理解在何种情境中这些技能是派得上用场的

（Berland & Hammer, 2012）。换言之，科学课堂应该让学生知道怎样的情境是适于争论乃至需要争论的。因此，他们支持一种"浸入式"的教学设计（Cavagnetto, 2010），即通过争论来学习科学，而非仅仅将争论视为一个单独而分离的教学版块或活动单元。这也符合美国《下一代科学教育标准》的思路，即将"基于证据的争论"视为学科学、教科学、用科学的应有之义（National Research Council [NRC], 2011）。

因为这种对情境的重视，争论话语的研究就和本书第四章所提到的文化维度紧密相关。争论本身是一种根植在科学事业发展和科学知识生产之中的话语，也是科学文化的必然组成部分（Fahnestock; 1999; Latour, 1987）。那么，和非裔美国学生遭遇 I-R-E 结构的情形一样，生活在日常文化中的学生进入科学课堂，遭遇属于科学文化的争论话语，也会有不适应，也会面临巨大的挑战，这种挑战同样意味着一种教育准入机会的不平等[①]。因此，近年有关科学争论的研究尤为强调课堂文化的创设、课堂规范的确立，以及争论社区的构建（Ryu & Sandoval, 2012; Manz, 2015）。

[①] 例如，我们可以想象这么一个孩子，父母都从事科学职业，平时在餐桌上的家庭话语就充满了"我不同意你的观点"、"你的证据是什么"、"可另一个反例是"……那么，这个孩子来到鼓励并赞赏争论话语的科学课堂上，自然会比其他的孩子更加适应，拥有一种起点上的优势。

第四节 促进合作学习的互动 [①]

  本节关注的是学习科学切入课堂互动的一种核心取径——细致地描述和分析学习过程，也就是学习者在学习过程中的具体实践，从而探索学习的发生机制。我选择"合作学习"这一经典的互动模式来呈现这一取径。自学习科学诞生之时起，合作学习的机制就一直是其核心关切之一（Enyedy & Stevens, 2014）。合作学习好，课堂应该鼓励和支持合作学习。这样的价值判断在教育领域似乎是天经地义、不言自明的真理。但是，合作学习好在哪儿？如果这种学习确实好，这个"好"究竟是如何发生的？对于这样的追问，教育学的思辨研究无法给出答案，实验室里的认知科学无法触及合作之"社会性"的本质，而扎根于真实情境的学习科学做了深入的探索。本节将介绍一项学习科学史上的经典研究，它旨在回应合作学习之"好"究竟如何发生的问题。这项研究的一个独特性在于，它关注的是没有教师参与的小组活动，因此它对合作学习本

---

① 本节的内容基于杰里米·罗舍尔 1992 年发表于《学习科学杂志》第二卷第三期的《通过合作而学习：聚焦式概念转变》（*Learning by Collaborating: Convergent Conceptual Change*）一文，已获得原作者的许可与审阅。

身的发生过程和机制描述得尤为深入 [1]。以这项研究为例，不但能够呈现学习科学最早切入合作学习机制的尝试之一，也能反映出学习科学切入课堂互动研究的方式。

这项研究发表于 1992 年，作者是前一年刚刚毕业于伯克利加州大学、师从著名认知心理学家安德烈亚·迪塞萨（Andrea A. diSessa）的杰里米·罗舍尔。罗舍尔毕业后任职于位于加州硅谷的学习研究所（Institute for Research on Learning），是一位初出茅庐的学习科学家。1992 年，他将博士论文的一部分成果发表在当时仅创刊一年的《学习科学杂志》（第二卷第三期），后来成为学习科学史上绕不开的经典文献，这便是《通过合作而学习：聚焦式概念转变》一文（Roschelle，1992）。

这篇论文关心的是一个学习发生机制上的难题：如果说我们可以通过共同做某事——即合作——而学习，那么我们肯定对正在做的事情有某种共通的理解，这种理解是怎样发生的？用罗舍尔的原话说："两个（或更多）人是怎样为交谈、概念与经验建构共享的意义的？"（Roschelle, 1992:235）熟悉前几章的读者或许会感觉到，这是一个常人方法学意义上的问题。的确，罗舍尔正是在交谈分析的方法论框架里处理这个问题的，即微观地考察互动参与者的话轮转换与言语序列组织。在这篇论文里，他关注的是两个高中女生卡萝尔和达娜，她们在一节物理课上用一个计算机模拟软件学习牛顿力学中的速度与加速度概念。这

---

[1] 也有许多学习科学家关注教师话语在小组合作学习中的作用，例如诺琳·韦布的一系列研究（Webb, 1980, 1982, 1989, 1997; Webb et al., 2009; Webb, Nemer, & Ing, 2006; Webb, Troper, & Fall, 1995）。

个模拟软件有左右两个窗口。右边的窗口是"可观测的世界"，计算机会随机生成一个移动的黑色球体，并以虚线形式显示其移动轨迹。左边的窗口是"牛顿主义的世界"，计算机会生成一个黑框的白球，并有粗细两条带箭头的线相连；细线代表速度，粗线代表加速度。这两条线的初始状态和白球的初始位置也是随机生成的。然后，操作者需要用鼠标调整白球的位置，以及速度与加速度这两条线的方向和长度，确定后点击"运行"，白球则会按照设定的速度与加速度进行移动，同样以虚线形式显示出它的移动轨迹。学生的任务是在完全没有接触过牛顿力学、也不知道这些符号的意义的情况下，通过调整线条并模拟移动，让左边白球与右边黑球的移动轨迹一致。实验刚开始时，卡萝尔和达娜都不明白任务的意思。她们都认为加速度改变的是白球本身的移动轨迹，这是一个常见的错误概念。

在接连发生的五个互动片段里，她们完成了从错误概念到正确概念的转变，即明白了加速度改变的是速度的方向与大小。这种转变是卡萝尔和达娜两人分别发生的，还是共同发生的？如果两人是各自单独操作软件，转变还会发生吗？两人的概念转变有先后发生的次序吗？是不是一人"懂了"之后告诉另一人的？要探索这些问题，我们先来看看第一个片段。

在这个片段的任务里，黑球的轨迹——即卡萝尔和达娜需要实现的轨迹——是向右下方45度移动。最初，两人尝试将加速度向右下方拉（因为她们认为加速度直接作用于白球的移动），模拟出来的白球移动轨迹向右下方倾斜的角度小于45度，两人非常困惑。模拟结束后，计算机屏幕上只显示了最终的移动轨迹，以及上一次的加速度线（虚线）。

面对这样屏幕，卡萝尔和达娜开始讨论，如下表所示（D 表示达娜，C 表示卡萝尔）。

表 6-3（Roschelle, 1992:247）

01 D:	但我不明白的是这个拉长……这个箭头的位置怎么……
02 C:	噢，你知道我怎么想的吗？就像这条线。宽箭头的线就是它要拉下来的，你看它是怎么弄出那条虚线的，就是那个黑箭头，是它拉了它。
03 D:	你的意思是这个（虚线）就是黑箭头？
04 C:	是的。
05 D:	然后它拉了它，另一个箭头（用光标指着速度线），就像……
06 C:	就像在它的轴点上。它从轴点把另一个箭头往下拉到黑箭头的顶端。
07 D:	就产生了这里你看到的这条线。
08 C:	是的。

仅看当时的计算机屏幕，是无法理解卡萝尔在 02 的言语的，这段话包含了太多的指义模糊的词汇：这条线、宽箭头、它、那条虚线、黑箭头……但根据 03 和 04，达娜显然明白这段话的含义。为什么呢？因为卡萝尔在说话时用了手势。她的食指首先划过移动轨迹的线（"就像这条线"），然后食指与拇指捏起来，从虚线上端划到其下端（"宽箭头的线就是它要拉下来的"），然后指向虚线的加速度线（"你看它是怎么弄出那条虚线的，就是那个黑箭头"），最后又捏起食指与拇指，从虚线上端划到其下端（"是它拉的它"）。根据这些手势，我们才知道，卡萝尔所说的"宽箭头"和"黑箭头"都是指加速度线，而"它拉的它"的第一个"它"是指加速度线，第二个"它"是指速度线。通过手势和言

语的配合，她在屏幕上复现了之前的设置，试图解释上一次模拟出来的移动轨迹。达娜向卡萝尔确认自己的理解（03），并得到了肯定的回应（04）。达娜继续表述自己的理解（05）；她用了卡萝尔的原始表述——"它拉了它"——但澄清了"拉"的受力方（第二个"它"）就是速度线，并用鼠标光标确认了这一点。卡萝尔补全了达娜的话，并加进了"轴点"这一概念，使得"拉"的类比更加完备，她也更清晰地表述了这个类比：加速度线从轴点把速度线往下拉，直到其顶端（06）。达娜又补全了卡萝尔的话，最终落脚到这次模拟所产生的移动轨迹上，从而将这一系列话轮合为一个完整的解释（07）。这一解释又最终得到了卡萝尔的肯定（08）。

对于这个片段，我们需要注意三个关键点。第一，计算机屏幕上并没有"宽箭头"、"黑箭头"等物，卡萝尔最初的描述（02）必须与她的手势对照起来才能理解。罗舍尔由此认为，她们的讨论是一种情境性的行为（situated actions），是嵌在互动情境中的。进一步说，一旦脱离情境，仅仅关注言语本身，这段对话毫无意义（如"它拉的它"）；但因为卡萝尔和达娜都参与到了当时的情境之中，所以她们才能理解彼此的意思。第二，这种行为也是协作性的（coordinated actions），卡萝尔和达娜的话轮是互相补全的，整个合起来形成一个完整的解释（02 + 05 + 06 + 07），因此可以说，她们当时当地的理解是往共享的方向走的，这便是"聚焦"的含义。第三，这个片段呈现了两人概念转变的先声，她们建立了加速度线"拉动"速度线的类比；和加速度直接拉动物体的概念相比，这是很大的转变。但此时，她们的观点还处于猜测阶段，还没有确凿的证据表明她们的概念转变已经完成。这种"猜测"性质在第二个片段中有很直接的体现，如下表所示。

表 6–4（Roschelle, 1992:249–250）

09 D:	所以如果你要这样……［用鼠标拉速度线］
10 D:	哇。
11 C:	哇，把它（速度线）弄回去。
12 D:	我不能移动它了，是不是不能这么操作？
13 C:	［咳嗽］我就不会乱动它。
14 D:	该死的，好吧，那我想……好吧，所以如果你把这个箭头 =
15 C:	= 这个，这个黑箭头，就像，就像，对，我完全是在想象，但是，你看，这个黑箭头原本是在这里，［用鼠标拉出一条新的加速度线］但是我猜它会把另一个箭头拉到这里来。
16 D:	就像，就像是……［用手指划出移动轨迹］
17 C:	但是这完全是瞎猜，不可能的，所以别……

　　在这个片段里，达娜原本想做一次新的模拟，但软件不允许她在同一次模拟中再次设置速度线（09-13），所以达娜不得不用言语表述她的想法（14）。卡萝尔显然理解了达娜的意思——她补全了达娜的话，并同样地开始想象新的模拟条件（15），猜测新的加速度线会如何"拉动"速度线。接下来，达娜用手势补全了卡萝尔的想法，并明确地划出了这一模拟条件下的白球移动轨迹（16）。值得注意的是，在当时的速度和加速度条件下，这个移动轨迹是正确的。也就是说，达娜正确地应用了"加速度线在轴点上把速度线拉至其顶端"这个类比。与前一个片段她在口头上应和卡萝尔的想法相比，达娜在这个片段里的概念转变更加确凿。但是，在这两个片段里，她们都只关注到了加速度改变速度的方

向，还未意识到加速度改变速度的大小。第三个片段呈现了她们在这个层面的概念转变。

在第三个片段里，她们开始了一个新的任务。如前所述，在每一个新任务里，计算机模拟软件都会随机生成白球的初始位置和两条线的初始状态。这一次，随机生成的状态恰好是两条线相互平行。卡萝尔和达娜首先运行了这个初始状态的模拟，然后开始讨论，如下表所示。

表 6-5（Roschelle, 1992:252）

18 C:	噢。
19 D:	嗯，这很不错。
20 C:	哈。
21 D:	它（白球）加速了，你看到没？
22 C:	哈。我们的（白球）加速了。啊，再来一次看看。［重置］
23 D:	哇。
24 C:	运行三秒钟。［运行］
25 D:	现在看这个底部的箭头（速度线的箭头）。看，它被延长了，但这是怎么回事呢？
26 C:	它被加速了。
27 D:	它（速度线）被延长了，直到……噢，［很响地拍了两下桌子］我知道了！
28 C:	什么？
29 D:	当你往这个箭头（加速度）上加，这就是整个（轨迹）的长度……
30 C:	我之前就是这么说的。
31 D:	它（速度）的……

32 C:	这个黑箭头（加速度）把这个箭头（速度）拉到——我之前就是这么说的——拉到它的末端。
33 D:	噢，我……
34 C:	你就是这么做的，只是用另一种方式说出来。

　　在这个片段中，在运行了两次模拟（18-24）之后，达娜指出速度线"被延长了"（25），卡萝尔解释说它"被加速了"（26）。也就是说，她们在线的延长和速度的增加之间建立了关系。达娜自言自语之际，似乎悟到了个中道理，激动地拍了两下桌子（27）。卡萝尔问她怎么了（28），她说："当你往这个箭头上加，这就是整个的长度"（29）。这是她们第一次用到"加"（add on）这个新的类比。同时，达娜还用了一个手势：她指着速度线的末端，即加速度线的首端（"当你往这个箭头上加"），然后划向加速度线的末端（"这就是整个的长度"）。还未等达娜把话说完（31），卡萝尔就插话说，这也是她之前的意思（30），并且进一步解释她的意思（32）。值得注意的是，用着鼠标的卡萝尔也做出了同样的手势：把光标指向速度线的末端（"这个黑箭头把这个箭头"），然后将其划向加速度线的末端（"拉到它的末端"）。未等达娜回应（33），她又补充说："你就是这么做的，只是用另一种方式说出来"（34）。这接连的互动很值得琢磨。罗舍尔指出，卡萝尔是在用自己的语言"翻译"达娜的想法（达娜的"加"被卡萝尔翻译成"拉"），而通过同样的手势，我们可以判断出她们的想法本身是一致的。此外，卡萝尔最后一句回应肯定了达娜在合作中的贡献：尽管卡萝尔"之前就是这么

说的"，但达娜"用另一种方式说出来"并且"就是这么做的"。因此，虽然不同的表述可能会让合作双方认为各自持有不同的想法，但这一回应让两人又回到合作的关系中来，是一种"聚焦"，而不是"离散"。

第四个片段同样呈现了一个有可能"离散"，但最终仍然"聚焦"的合作关系。

表 6-6（Roschelle, 1992:254-255）

35 C:	所以如果我们想把这个（速度线）拉到这里（一条垂直线），我们就得把这个（加速度线）一直拉到这里，或者差不多的地方。［开始设置加速度线，但是还没有松开鼠标］
36 D:	不是，因为……那就不就会让这个（速度线）端点摆到那个（加速度线）的端点上，然后弄出这个角度来吗？［做了一个模糊的手势］
37 C:	什么角度？［放弃设置加速度线］
38 D:	我就是说，好 =
39 C:	= 我打赌如果我把这个（加速度线）这么放［用鼠标重新拖动加速度线］，它就会有这个（移动轨迹）角度 =
40 D:	= 是的，我就是这个意思。
41 C:	所以我们必须要一直摆到这边来。
42 D:	我的天！现在就清楚多了。

在这个片段中，卡萝尔首先提出了一个解决任务的想法（35），但她并没有立即实施，而是在等待达娜的回应。达娜否定了卡萝尔的想法，但她否定的方式并不是说出自己的想法，而是用言语和手势模拟出卡萝尔的设置会产生的结果（36）。卡萝尔放弃了自己原先设想的操作，并追问达娜的想法（37），但未等后者回应，她又开始重新设置

加速度线的状态，并用"我打赌"开头，描述了一个假设的模拟情况（39）。达娜肯定了这一假设（40），并认为她们的想法"现在就清楚多了"（42）。我们首先可以看出，卡萝尔的概念至此还是不稳定的，转变过程还没有彻底完成。但更重要的是，我们可以看到两人是怎样"修复"各自想法的离散倾向的。在达娜否认卡萝尔的想法时，合作关系有破裂的可能，但是卡萝尔没有坚持己见，暂时放弃了自己的想法，随即又重新提出了一个设想。此时，达娜也没有执着于之前的分歧，而是重新审视卡萝尔的新设想，并加以肯定（40）。就这样，两人修复了分歧，重新回到了聚焦式的合作状态中。罗舍尔指出，这种修复只有通过两人在言语时间的精确配合（即转录文本中表示言语联接的"="符号）才有可能发生（Roschelle, 1992:256-257）。这种时间精确的言语补全，以及言语中仍然存在的大量模糊概念，足以显示两人所建构起来的理解是共享的。此外，两人重新达成共识的任务和前几个片段的任务已经完全不一样了，也就是说，她们共享的理解已经共同迁移到了新的任务情境之中。此时，她们离彻底的概念转变只有一步之遥，这一步就呈现在第五个片段中，如下表所示。

表 6-7（Roschelle, 1992:257–258）

43 C:	对，你看，这就对了。
44 D:	噢，这就完美了。
45 C:	是的，它（速度线）会沿着它（加速度线）的边缘走，所以我们希望它沿着边一直走到这里［设置加速度线］。因为那就会让它（速度线）一直走到这里来。你看，它（速度线）会沿着这条边 =
46 D:	= 对 =

47 C:	= 直到它垂直往下 =
48 D:	= 所以……但我们之前没有意识到。
49 C:	不过可能要稍微弄短一点。

在这个片段中，两人继续完成前一个片段的任务。她们首先设置了模拟条件，并且达成了共识（43，44）。罗舍尔认为，这个共识并不是指向当时的模拟本身，而是指向两人共享的理解；也就是说，她们所说的"这"并不是指白球、速度线或加速度线的设置，而是指她们对整个任务的现有理解（Roschelle, 1992:258）。这个理解具体是什么呢？卡萝尔用言语进行了表述（45，47）。她引入了一个新的类比——"走"（travel）——来描述速度线沿着加速度线的边缘发生状态变化的情形。达娜表示认同（46，48）。卡萝尔的表述确实是正确的，不仅如此，她还反思性地修正了自己的想法，让模拟的移动轨迹更加精确（49）。也就是说，她不但能够像之前的片段那样解释已经出现的状况，还能够预测未发生的状况了。罗舍尔还认为，沿着边缘"走"更加准确，因为它"为拉动的类比增添了一个几何的限制"，从而更加接近于"递增的矢量增加"的科学概念（Roschelle, 1992:259）。另一方面，达娜不但立即做出了肯定的回应，还反思性地评价了她们着手任务以来的进展，认为她们现在意识到了之前没有意识到的思路（48）。这一系列特征都显示出，卡萝尔和达娜不但继续共享着她们的理解，而且这个理解已经足够她们完成这一计算机模拟的任务。至此可以说，她们共同完成了概念转变的过程。

在任务结束后的访谈中，卡萝尔和达娜同样用言语表述了她们对任务解决思路的理解。她们的表述尽管并非"正统"的科学表述，但其内在原理是正确的。并且，她们还提到了之前的错误概念，解释了它为什么是错的，并描述了她们产生新理解的过程，这是在元认知层面上反思自己的概念转变，进一步证明了她们的概念转变确实已经完成。更重要的是，在她们互相补足的言语表述中，两人都用到了"黑箭头"、"轴点"、"移动"、"端点"等特定的表述，用到了同样的划动手势，并始终以"我们"为主语。这都反映出她们的理解是共享的——是在解决任务的具体情境中，随着两人的合作学习所共同建构出来的。

那么，合作学习好在哪儿？罗舍尔的研究让我们看到了其中一种重要的"好"：这种嵌于情境的协作所具有的建构性与共享性。我们在理论上都知道，学习是基于情境的、是建构的、是生成的……但如果学习本质上、实然上就是这样的，直接讲授不也应该能够创设某种情境吗（例如我们熟悉的"情境导入"），不也应该具有一定的建构性吗？但在实践中，我们的教学往往面对的是"屡教不改"的窘境：我们屡屡教，学生屡屡无法达成概念转变。在卡萝尔和达娜的合作学习中，完全没有教师教，甚至在任务伊始时，她们对任务界面及操作都一知半解。但通过主动的尝试和意义建构，她们完成了概念转变，而且真正理解了她们所面对的任务，能够在新的情境里迁移她们的理解，并且反思她们的行动，而不仅仅是鹦鹉学舌地记住了某个定律的书面表述。我认为，罗舍尔的研究更大的价值在于让我们"看见"。我们在理念上都知道合作是好的，但为什么好，这个好是如何发生的，却往往难以说清。罗舍尔通过细致的交谈分析和情境分析，让我们切切实实地看见了学习在合作过程中的发生过程及其机制。这是课堂互动研究的力量所在。

结语

本章从学习科学的角度阐述了课堂互动与学习之间的关系。无论是伯兰等人对科学争论的设计研究，还是罗舍尔对小组合作的微观机制的描绘，都在尝试从互动的层面探索学习的发生机制。可以说，互动是学习科学研究的基本分析单位之一。

这一共同的取径和学习科学诞生的时代背景密不可分。二十世纪八十年代恰恰是维果茨基的理论在北美大放异彩之时，而有志于和认知科学划清界限、自立门户的研究者们也正亟需找到一种新的理论，批判认知科学脱离情境的弊端。维果茨基的社会文化理论恰好为他们的主张提供了有力的依据。不同于皮亚杰认为学习是认知冲突所引发的同化与顺应、以致新的平衡的过程，维果茨基认为学习是一个将文化"内化"为高级心理机制的过程，而这种内化首先存在于人的社会互动之间，后者是前者的基本媒介。换言之，皮亚杰认为学习发生在意识之内，维果茨基认为学习发生在意识之外。因此，尽管二者都强调社会互动的作用，但在皮亚杰那里，互动仅仅是认知冲突的来源，而在维果茨基那里，互动是学习的基石——甚至可以说，互动就是学习本身。正因如此，当认知科学在实验室里为学习提供人造的激发（如各种精心设计的问题解决任务）时，学习科学却高举真实情境的旗帜，号召研究者走进工厂、走进裁缝店、走进银行、走进学校、走进课堂，在自然的情境中研究学习的过程与机制。

因此，虽然学习科学更加直面学习本身，但这一领域的研究和前面几章所提到的取径有一个关键的相通之处，那就是重视情境。学习嵌在互动之中，因而也嵌在情境之中，学习归根结底是在某种情境中的学习，这不仅仅是学习科学的基本观点，也是所有课堂互动研究的共识。

最后需要提及的是，较之前四章的研究而言，学习科学取径的课堂互动研究似乎没有那么注重平等、公平、公正等议题。但正如我在引言部分已经指出的那样，这五个流派之间有密切的联系乃至重合。在学习科学家的圈子里，也有很多研究文化与公正问题的学者。除了第四章的核心人物李之外，安·罗斯伯里（Ann S. Rosebery）、杰弗里·萨克斯（Geoffrey Saxe）、纳西尔、伊拉娜·塞德尔·霍恩（Ilana Seidel Horn）、因迪戈·埃斯蒙德（Indigo Esmonde）等人都在《学习科学杂志》上发表过有关学习、文化与社会公正的论文（Esmonde, 2009; Horn, 2007; Nasir & Hand, 2008; Rosebery, Ogonowski, DiSchino, & Warren, 2010; Saxe, 2002）。更值得注意的是，近年来——尤其是特朗普入主白宫之后——美国学习科学界对自身的定位、认同与使命进行了广泛而深刻的反思，认为学习科学也应该关注教育公平与社会公正的议题。这种反思至少可以从两个方面管窥。第一，2017 年，学习科学的两本主要刊物《学习科学杂志》和《认知与教学》都在主编致辞中提及了社会公正问题，号召学习科学家通过自己的研究切入和回应这一议题（Enyedy & Hall, 2017; Radinsky & Tabak, 2017）。第二，《认知与教学》杂志在

2017 年春季发表了一篇以"学习的政治学写作小组"署名的论文，题目是《美国民族主义新时期的学习科学》。这篇论文的实际作者是菲利普、苏珊·朱罗（Susan Jurow）、梅甘·班（Megan Bang）等著名学习科学家。他们同样号召学习科学领域的同行一起直面特朗普政府治下美国的右翼民粹主义风险，将政治因素纳入到"情境"的视野中，承担知识分子的社会责任，用自己的学术研究促进对话，增进理解，弥合社会不平等（The Politics of Learning Writing Collective, 2017）。

正如"学习的政治学写作小组"所言，学习科学目前"最紧迫的挑战是如何切实地应对权力与政治化的情境及其对学习的影响"，从而"让儿童以及他们的家庭和社区能过上繁荣而自我决定的生活"（The Politics of Learning Writing Collective, 2017:95）。如果说以往的学习科学更多是在理论上将社会、文化、历史视为研究的题中之义，那么当下的学习科学就是面临着政治与教育现实的拷问。在学习科学家集体反思的推动下，教育公平与社会公正将越来越成为这个领域的核心关切。

第七章

消除偏见：通向理解与公正之途

作为分析者或参与者，我们集中注意力，关注人们在日常实践中的所言所行；而我们最终的反应，只能是在这样的成就面前保持惊叹与静默。

——弗雷德里克·埃里克松（Frederick D. Erickson）（2004:xi）

沿着一系列核心人物的学术历程，第二章至第六章呈现了课堂互动研究的几个主要流派。第二章通过米恩和卡兹登等人的研究，呈现了课堂互动研究的早期形态，即课堂话语的结构功能分析，尤其是关于 I-R-E 结构和"回音"结构的研究。第三章通过埃里克松的研究，展示了对于课堂情境的分析可以微观到何种程度。第四章通过希思、李和古铁雷斯等人的研究，呈现了课堂互动的文化研究。第五章通过麦克德莫特等人的研究，进一步呈现了课堂互动的批判向度。第六章通过学习科学领域的一系列研究，展现了课堂互动与学习过程之间的关系。

尽管这些命题触及了结构、情境、文化、权力、学习等不同的维度，这些研究也分别在言语、身体、社会文化等不同的层面展开，但有一个共通的议题贯穿于其间，为这些研究者所共识，在这些研究中共鸣，那就是社会公正的议题。无论是卡兹登、希思、米恩、埃里克松与麦克德莫特等第一代研究者，李、古铁雷斯、格里诺等第二代研究者，还是纳西尔、伯兰、菲利普等第三代研究者，都将课堂互动、教育公平和社会公正联系在一起，致力于通过改变课堂来促进社会公正。

虽然这些研究者所关心的社会公正多与美国的种族问题相关，但这并不意味着中国的课堂互动研究可以略过这一议题。无论是在卡兹登的时代，还是在古铁雷斯的时代，还是在当时当下，美国仍然处于变革之中，中国也如此，且发生在中国的变革或许更加剧烈，其影响或许也更为深远。在此变革的时代，大到少数民族地区的教育、流动儿童的教育、性教育与性别平等的教育，小到成绩排名的现象、"差生"和"坏孩子"等旧标签的尚存、"拼爹"、"鄙视链"等新话语的流行，都仍然在提醒我们教育不平等和社会不公正的存在。在此变革的时代，中国的教育工作者何为？中国的教育研究者如何"坐而论、起而行"？课堂互动研究可以回应这些问题，课堂互动研究应该回应这些问题。

如何回应这些问题？作为研究社会现象的人，我们很容易跳入已有的社会理论之中，用哲学家或社会科学家的头脑去进入这些问题：涂尔干、韦伯、马克思、帕森斯、哈贝马斯、布迪厄、福柯、阿伦特、萨义德……自上而下地讨论公正的问题。这种取径虽然没有什么不妥，但却有些危险。课堂互动非常微观，非常"本土"，而较之而言，社会理论过于宏大，二者之间往往会出现断裂——数据太少，而立论的野心又太大，微观与宏观之间难以连接，头重脚轻（Erickson, 2004）。

在本节，我将论述的是第二条取径——或者说，一个"权宜之计"——那便是，通过消除研究者自身视角的偏见，获得对课堂日常生活世界更深入的理解。这种理解本身，以及将这些理解讲述出来的行动，就是抵达社会公正的一种途径。本章将基于我自己的课堂互动研究经历，探索三个层面的偏见："语言中心"的偏见、"人类中心"的偏见、"编剧"立场的偏见。我将通过三个具体的案例，分别阐述这些偏见如何阻碍了我们对课堂互动的理解，并探讨消除这些偏见的方法。

第一节 语言中心的偏见 [①]

在观察、感受、记录与分析社会互动时，我们往往会将言语层面的互动当做互动的重点，甚至认为言语就是社会互动的全部。这种以语言为中心的倾向叫做"语言中心论"，它会极大地遮蔽研究者的视线，阻碍研究者对互动的理解。因此，我称这种倾向为"语言中心的偏见"。本节通过对一个五年级科学课堂上的师生互动的分析，展现这种偏见将如何阻碍我们的理解。

这个科学课堂位于美国西南部某小学，包括一位科学教师（男性）、一位特殊教育的助教（女性），以及 24 名学生。2013–2014 年度，我在这所小学进行了一年的田野研究，旨在探索基于《下一代科学教育标准》的课堂教学形态。在一学年的教学中，天文学单元依照如下步骤进行：首先，教师请学生提出自己感兴趣的问题，记在便贴纸上，并分类粘贴在一张大的海报上。随后，教师通过视频短片和绘本，引入太阳系、晨昏、阴影等核心概念，并从学生自己提出的问题中，选择了"什么引起了月相变化"这一大家普遍关注的问题，组织学生以小组为单

[①] 本节的部分论述曾以《基于互动分析取径的课堂教学评价》为题，载于《教育发展研究》2017 年第 24 期。

位，基于学习材料、相关书籍和互联网资源进行自主探究，并要求各组制作一个实物模型，呈现他们对这一问题的理解。在随后的五节课上，各个小组一边查阅资料，一边讨论，一边制作模型。在最后一节课上，各小组依次向全班展示了各自的模型。

我对此单元教学的评价主题是教师是否有效地引导了学生的自主探究。鉴于此，我挑选了第四节课的视频——在这节课上，教师参与每一个小组的讨论，轮次检查各小组的进度，在关键的知识点上予以提示，解答学生遇到的困惑。在将这节课 51 分钟的视频分为 4 个教学版块（任务介绍、小组探究、全班讨论、回顾总结）和 19 个互动参与结构（包括 6 个"教师参与小组讨论"的结构）后（即第二步），我选择了其中一个教师参与小组讨论的片段进行转录。在这个片段中，教师发现这个小组里某个学生的模型摆放有误，于是他向整个小组发问，试图引导这名学生发现自己的问题，如下表所示（表中的"学生"就是模型摆放有误的学生）。

表 7–1

01 教师：	为了帮助你们做出决定，让我来问一个问题，地球和月亮发生了什么事情？
02 学生：	月亮绕着地球转，地球又绕着太阳转。
03 教师：	好的，所以我们就能理解一个 R 打头的词……
04 学生：	旋转（rotating）……
05 教师：	是环绕（revolving），旋转不确切，是绕着某个物体转。
06 教师：	所以，当你有一个东西在自己旋转，或者环绕着另一个天体转的时候，你脑子里能想到的是什么几何形式（form）？

07 学生：	形式？	
08 教师：	当它们在旋转，当它们在环绕，你能想到什么几何图形（figure）？	
09 学生：	一个圆圈。	
10 教师：	啊哈！	
11 教师：	所以你的模型应该怎么摆？	
12 学生：	摆成一个圆圈。	
13 教师：	为什么？	
14 学生：	因为月亮是圆的，地球是圆的，太阳也是。	
15 教师：	可我们刚才是在说……什么引起了月相的变化，这跟地球的形状无关，跟月亮的形状无关，只跟什么有关？	
16 学生：	只跟……	
17 教师：	你说说，它们在做什么？	
18 学生：	环绕对方转。	
19 教师：	对了，它们在环绕，它们在旋转。	
20 教师：	所以当你环绕着转的时候……	
21 学生：	是在一个圆圈上。	
22 教师：	你得绕在一个圆圈上。	

在以上对话中，教师首先提出了一个开放式的问题（01），引导学生关注天体的环绕运动（02-05）。然后，教师问学生从环绕运动能想到什么几何形式，学生似乎没有听懂"形式"（form）的意思，教师又改口说几何"图形"（figure），学生回答"一个圆圈"（a circle），教师肯定了这一回答（10），问题貌似已经解决。但教师仍然继续追问"那么你的模型应该怎么摆"（11），学生说"摆成一个圆圈"。这似乎也没有

问题，但是教师仍然追问"为什么"，学生说因为月亮、地球、太阳都是圆的。从这一回答可见，学生的错误概念依然存在——教师试图引导学生明白天体运动的轨道是圆圈，而通过前述的问答对话，学生误以为"圆圈"这一"几何图形"是指天体本身的形状。所以，尽管"摆成一个圆圈"的说法本身没错，但其背后的概念依据仍然有误。随后，教师指出月相的变化与天体的形状无关，并继续引导学生思考（15）。学生仍然不知道（16），教师便再次引导学生关注天体的环绕运动（17-20；可与02-05比较），并用补全式的问句问道："当你环绕着转的时候？"学生终于答道："是绕成一个圆圈。"（21）教师用回音的形式肯定了这一回答（22）。

乍看之下，这是一个很典型的在探究过程中教师通过引导纠正学生错误概念的片段。学生在09、12、21三次回答"一个圆圈"。纵观整个对话可知，第一次回答中的"圆圈"实际是指天体的形状；第二次回答中的"圆圈"是指模型摆放的形状，但其依据仍然是天体的形状；第三次回答中的"圆圈"是指天体运动的形状，而这才是引起月相变化的原因，是"正确概念"。在对话过程中，教师通过反复提问、澄清和追问，析出了学生隐藏着的错误概念，引导了学生的注意力，调动了学生的自主思考。由此，我们可以做出这样的评价：教师的引导是适宜、及时且有效的，他成功地促成了学生的概念转变。

可是，情况确实如此吗？如果脱离学习的视角和互动的情境，情况就是如此。但是，一旦将此二者重新置入分析之中，情况就大不一样了。以下转录文本是学生第一次回答"一个圆圈"的情形（即表1的06-10行，标号一致），这次不仅呈现了原文的言语内容，而且还呈现出互动参与者的言语行为（如音调、重音、停顿、话轮重叠）与非言语行为（如眼神、手势和身体姿态）。

06　TCR:　（教师伸出右手食指，在身前做出划圈的手势；见图 7-1 和 7-2）

So now when you have something whether spinning on its axis（0.8）or whether it's going aROU::Nd another celestial body what geometric form you could have （.）thinking about（0.4）when you see those things in your mind,（.）when you visualize the earth an' the moon moving around, what geometric form are you thinking a[bout.　]

07　STD:　[˚form?˚]

08　TCR:　If they're rotating, they're revolving, what geometri-（.）what geometric figure（0.4）are you thinking about.

（助教举起双手，手指张开并在一起，做出圆圈的形状；见图 7-3）

09　STD:　A circle.（眼睛望着助教；见图 7-3）

10　TCR:　AH-HUH!

图 7-1　　　　　图 7-2　　　　　　　图 7-3

在前述分析中，这一回答是学生错误概念的析出。但通过以上转录文本，我们的理解需要修正。当教师询问旋转或环绕和什么几何图形有关的同时，他也在用右手做出划圈的手势（图 7-1 和 7-2）。并且，他将整句问题的最重音放在了"around"（这一副词本身就含有"round"，即圆形之义）一词，且带有明显的声音延长。因此，虽然教师是在问"你能想到什么"，但他提供了如此明显的暗示，以至于这一问题失去了开放性，不再指向学生自己的想法。不过，教师划圈的手势有两种可能的含义：如果将手指视为某物体本身，那么这一手势就代表该物体绕圈运动的轨迹；如果将手指视为观察的方向，那么这一手势则是表示描画一个圆形物体的边缘。这种角色视角和观察者视角的区别，导向对手势含义的两种不同理解 [31]。此外，问题中的"form"一词也指义模糊，既可指称运动轨迹（"形式"），又能指称物体形状（"形状"）。因此，学生很犹豫，难以作答（07）。正在此时，站在他右侧的助教举起双手，做出圆圈的形状，而学生也看到了这一手势（图 7–3）。较之前一种手势，这一将手指拢成圈的手势是更为明显的提示，帮助学生在"轨迹"和"形状"之间选择了后者。根据学生之后的回答（14"因为月亮是圆的，地球是圆的，太阳也是。"）可知，此处的"圆圈"是指天体形状。

这样一来，学生的回答就不是错误概念的析出了，而是一种基于明显提示的机械式回答。也就是说，因为月亮、地球和太阳都是圆的，所以模型要摆成一个圆圈，这一观点不一定是这位学生自己持有的想法，而是他根据当时的种种提示（教师言语和手势，以及助教的手势）所临时应答出来的。由此，教师的提问（06，08，11）也就不能算是引导学生说出自己的想法，而是一种已经预设了答案、并且明显地给出答案提示的全封闭式提问。这种提问的封闭性在接下来的对话中有更清晰的呈现。以下转录文本是学生第三次回答"一个圆圈"的情形。与之前一样，这段文本也记录了互动参与者的言语行为与非言语行为。

15 TCR: Bu' whata' we just say whats the- what's causing the-
            (.) th::e- (0.6) phases of the Moon (.) has nothing to
            do with the SHApe of the Earth, or the SHApe of the
            Moon, has to do with::a-
            （课桌对面的女生向右侧转身，望向后侧墙，手指划圈；见图 7-4）
            (3.0)

16 STD: ˚Has to do with thee- e::h,˚
            （课桌对面的女生向左侧转回身体，望向作答的学生，嘴角拉向脸颊两侧，
            状若说话；左手微握拳，置于胸前，右手以左手为中心，做绕圈的手势；
            见图 7-5 与 7-6）
            (1.6)

17 TCR: Just tell me what they're doin'.
            （课桌对面的女生仍然在做绕圈手势，作答的学生望向她；见图 7-7）
            (0.4)

18 STD: Revolvin=

19 TCR: =They're revolving an' rotation.（点头，再次旋转手指）

20 TCR: So wa- whats- (.) when ya revolve when ya rotate=

21 STD: =˚on a cir[cle.˚]

22 TCR: [you're] gonna go on a circle.
            （课桌对面的女生和助教都望向学生，点头并微笑）

图 7-4

图 7-5

图 7-6   图 7-7

在这段对话中，教师首先追问学生月相的变化与什么有关。他用放在"shape"上的重音两次强调，这与天体的形状无关（15）。这一提问后，教师等待了三秒，学生没有任何回应。与此同时，坐在课桌对面、一直在旁观这场对话的女生转身望向教室一侧的墙壁，墙上挂有多幅与天文学相关的海报，其中未能被摄像机画面拍到的一张（画面左侧外）就是太阳、地球和月球的运行图。这个女生望着这幅海报，伸出自己的右手，划着圆圈的形状（图 7-4）。三秒停顿后，作答的学生用很小的音量重复了教师最后半句问话（16），显然还没有确定答案。此时，女生转过身来，望向作答的学生，耸起肩膀，胸口内含，眉头紧皱，睁大眼睛，嘴角向两侧拉动，似乎是试图在避开右侧教师的注意力，向作答学生传递某种讯息；同时，她将右手握拳放在胸前，然后左手绕着右手转动（见图 7-5、7-6、7-7）。请注意，在此之前的互动已经为作答的学生准备了两个候选的答案：形状为圆圈、运动轨迹为圆圈。教师本人的提示模棱两可，而助教用环形手势提供了明显的提示后，"形状"的回答仍然被教师否决了，这可能让学生觉得困惑，或许是他在此时犹豫不言的原因。但女生的手势却是确凿的提示：一物（左手）绕着另一物（右手）转动，这必然是指运动轨迹。因此，在教师再次追问后（17），学生只停顿了 0.4 秒即回答："环绕对方转。"（18）教师立即接话，用回音补足的形式肯定了这一回答。接下来，教师继续追问，他先两次试图用"what"（什么）做疑问词，但随即更正为以"when"开头的从句（20）。请注意，有两个细节说明学生此时已经完全明白了答案：第一，学生捕捉到了教师自我更正的用意，仍然将这句话作为一个问题来理解，不等教师说完，便跟进回应道："在一个圆圈上"（21）；第二，学生此前两次回答"一个圆圈"，都是用的指义模糊的"a circle"（既可指形状又可指轨迹），而此处回答中新增的"on"表示某物"在……上"。由此，我们可以确定，学生已经根据女生的提示，确定了答案。教师再次用回音补足的形式肯定了他的回答（22）。

和之前 01-10 的情形一样，学生是根据明显的提示在作答。依据沟通民族志和互动社会语言学的视角，这些提示都是"情境化线索"，它们将当时的小组讨论"情境化"为一种类似考试的情境：教师在检验学生是否知道自己已经预设好的正确答案；助教作为考试的旁观者，给予学生提示；女生作为知道答案的另一位考生，试图避开教师的注意而"传答案"。教师的话语就不能算是引导，而是封闭式问题，甚至可以算是"指令"。以上的转录文本、视频截图和阐释性叙述证明了这种情境的存在，从而导向了完全不同的评价。

这种"语言中心论"的偏见不但会影响数据分析，也会影响数据采集。例如，在拍摄课堂视频时，持有"语言中心论"的拍摄者往往会只关注课堂上"说了什么"，而镜头的移动与缩放也只和说话的人有关（比如对每一个说话的人——尤其是教师——进行面部特写）。这样的课堂视频充其量只是教师教学过程的粗糙记录，而远远满足不了学习过程分析的要求（Erickson & Wilson，1982）。这种偏见同样体现在课堂视频的转录之中，例如仅仅转录文字，或者将身体置于语言的附属位置（Bezemer & Mavers，2011；Ochs，1979）。在如今由关注"教"到关注"学"的课堂转型过程中，我们需要关注课堂互动的各方，而不仅是教师；我们也需要关注课堂互动的所有层面，而不仅是语言层面。只有从具身的视角看待互动，我们才能尽可能地理解课堂情境里发生的事情，从而尽可能地"抵达"他人，促进理解与尊重。

第二节　人类中心的偏见 [①]

比语言中心更加"自然"的偏见是人类中心的偏见，即认为：既然互动的主体是人，那么互动研究就仅需关注人即可。这种倾向之所以属于一种偏见，是因为情境在社会互动中起到了不可或缺的作用。尽管在大部分情况下，互动的主体确实是人，但在很多情况下，情境中的其他元素——尤其是情境中的物件——可能会对互动的走向甚至其本质起到关键的作用，从而僭越于人，成为互动的主体。本节通过对一个六年级科学课堂上师生争论过程的分析，呈现对这一偏见的自觉将如何促进我们对互动的理解。

这个案例来自该科学课堂的天文学单元。在单元学习伊始，教师提出了一个主导问题："太阳为什么这么热。"学生在课下各自收集相关信息，在全班讨论的环节中汇报自己的发现。教师试图引导他们一起写出一段话作为该问题的答案，并达成全班的一致同意。图7-8呈现了当时的课堂环境，本案例关注图中站立着的教师，以及三个学生的互动：下图右侧最靠近白板的男生马特，下图左下方坐在靠后的椅子上、双手握

---

① 本节的部分论述曾以《基于视频的学习过程分析：为什么？如何做？》为题，载于《华东师范大学学报（教育科学版）》2017年第35卷第5期。

着铅笔的男生乔，和下图右侧双手放在笔记本电脑上的男生卢克。在本文聚焦的片段里，马特首先发表了自己的观点，他认为太阳之所以这么热，是由于热的空气被重力拉到其核心。乔和卢克都质疑这一观点，认为太阳热的原因是由于核聚变。在 90 秒钟的时间内，马特从坚持己见变为同意后者的观点。这其间发生了什么事情？这些事情对于我们理解课堂互动和学习过程有什么意义？基于视频的互动分析可以回应这些问题。

图 7-8 案例二的六年级科学课堂情境

我们首先关注马特最初的观点和乔与卢克最初的质疑。以下的转录呈现了这段互动，包括英文原文和中文意译，以及视频影像的截图。

```
01   MAT:  Eh, so basically (0.4) gravitys- (.) since gravity

02         pulls everything like. (0.8)((grasp his five

03         fingers down to the table)) >(kinda't) the center<
```

```
04      you can say, (0.8) em. (0.8) all the (0.6)
05      basically al' like'th he- heliu::m (0.4) and (0.6)
06      gases >kind of like that<, that'al- that- it makes
07      it hot-[ar-
```

马特：呃，基本上，重力……由于重力将所有东西拉到
　　　一起，就像（手指张开，向下抓）往中心拉，你
　　　可以这么说，呃，所有的东西，就像氦气和……
　　　很多气体，就像这样，就是这样……这就让它变
　　　得很热，

图 7-9

卢克：被压缩了。（微微抬头）

```
08  LUK:  [being compres[sed ((slightly head up))
09  MAT:  ((look at Luke, 7-9)) [are pulled to the center,
10        ((open and cross fingers, 7-10/11/12)) so that's
11        why (.) it's- >it's so hot b'cuz< imagine like (.)
12        all the- like (.) like all hot things are
13        pulled >to one center< so that's when you get- get
14        in the (arche).
```

图 7-10　　　　　　**图 7-11**　　　**图 7-12**

马特：[看着卢克，见图 7-9] 被拉到中心（张开又合上五指，见图 7-10、7-11、
　　　7-12）所以它这么热，因为你想想，所有热的东西都被拉到一个中心，就像你
　　　到一个建筑里……

```
15  TCR:  Is [that so-
16  JOE:  [No but the co[rona's, ((raise right hand))
```

```
17  LUK:  [Well that could be- not

18        necessa[rily ((widen his two hands to space out,

19        both TCR and MAT gaze at Luke, 7-13))

20  JOE:  [the corona's  [much more hotter]

21  LUK:  [[needs to be hot,[its-

22  JOE:  [than the

23        [Sun. ((point his rising hand to the board, 7-14))
```

图 7-13

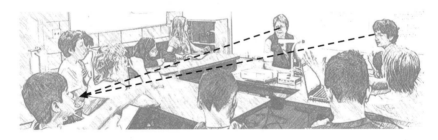

图 7-14

教师：这就是……

乔：不是，但是日冕（举起右手）

卢克：那也可能……

乔：日冕比太阳……

卢克：并不必然要热（张开双臂，见图 7-13），

乔：热多了（右手指向白板，见图7-14）

```
24   LUK:   [It's when the gases collide.
25   MAT:   [Yeah, ((look at Joe, 7-15)) well its- its- it's-
26          the corona is hot[ter be-.
27   TCR:   [Wait you can't all talk at once.
```

图 7-15

卢克：当气体碰撞的时候。

马特：对（望向乔，见图7-15），这……日冕更热这是因为……

教师：等等，你们不能全都同时说话。

从转录文本可见，马特与其他两位学生的争论焦点主要在"何为太阳热的原因"。马特认为原因在于重力把本来已经很热的气体拉到了太阳的中心，所以太阳就变得更加热。乔用"日冕比太阳（的核心）更热"这一证据来驳斥这一说法，因为倘若按照马特的思路，太阳的热度就应该从核心向外递减，那么就无法解释为什么日冕会更热。在此基础上，卢克进一步指出，气体本身并不必然是热的，但在被重力拉向中心的过程中，发生了碰撞，这才是太阳之所以这么热的原因。

在以上的互动中，有三个细节值得我们关注。第一，马特的观点表达不仅仅在语言层面，也在身体层面：当他说"重力把气体拉向中心"

时，他的双手也在同时做出牵拉与分合的动作。作为互动研究者，我们不能假定他的手势次于他的语言，处于辅助表达的位置，而应该将二者置于平等的地位。

第二，将语言和身体平等看待，有助于我们发现和理解"社会的身体"：当卢克质疑马特时，他同样也用手臂做出了"张开"的动作，如果我们仅仅将手势视为语言的附属品，那么我们就无法理解这一手势的意义。其实，这一张开双臂的手势可以被视为是在"引用"（cite）马特的观点，它在表征的是处于太阳外围、还没有被重力拉入中心的气体，卢克用同样的手势表明自己的观点建立在马特的基础上。但是，卢克并没有引用"合上"的手势，这是因为他并不认为"拉入中心"这一动作本身是太阳热的原因。虽然他的话语被多人对话插得支离破碎，但我们仍然可以从他的身体——尤其是他的身体与马特的身体之间的互动，即"社会的身体"——理解当时的情境和意义。

第三，乔对马特的质疑也不仅仅在语言层面，也在物件层面。当他说"日冕比太阳热多了"的时候，我们很容易将其理解为一种不同观点的表达。那么，为什么马特并没有质疑这一观点，而是试图解释其原因（"日冕更热这是因为"）呢？最可能的假设是，在当时的情境里，"日冕更热"已经是一个共识。如果看不到身体，这一假设就无从考证。其实，在这一片段之前，他们已经讨论过太阳各层（如核心、色球层、过渡区）的温度，并全部记在了白板上，而乔的右手正是指向白板上的这一内容。因此，当我们把语言（"日冕比太阳热多了"）、身体（手的指向）和物件（白板）同时纳入到分析之中，我们就能理解这句话并非在表达不同的观点，而是在引用已有的证据。

在教师插入对话、试图对多人插话的情况进行干预时，马特继续发言，以下的转录呈现了接下来的课堂互动。

```
27  TCR:  wait you can't all talk at on[ce. so,
28  MAT:      [the corona is hotter
29      be'cuz [that,
30  TCR:      [no, so (.) are you saying
31  MAT:  >it's the center, so it's< all ((clutch his hands
32      together, 7-16))
```

教师：等等，你们不能全都同时说话。所以……

马特：日冕更热是因为……

教师：不，你的意思是……

马特：这是中心，所以它是全部的……（将两手扣在一起，见图7-16）

图 7-16

```
33  TCR:  wait Matt, lemme get this down and we can (.) add
34      to it. so gravity pulls gases to the,=((point to
35      the board, 7-17))
36  MAT:  =the center.
37  TCR:  the- the- inner-=
38  MAT:  =yeah, the inner [CORe.
39  TCR:      [core.=
```

40 MAT: =which is (.) >why it's hot.<

41 TCR: the core, (0.6) to the core, which is why. ((write

42   words down on the board, 7-18))

教师：等等，马特，让我把这个记下来，然后我们可以补充。所以重力把气体拉到……

　　　（指向白板，见图 7-17）

马特：中心。

教师：内层的……

马特：核心。

教师：核心。

马特：这就是为什么它会热。

教师：核心，拉到核心，这就是为什么……（在白板上写字，见图 7-18）

图 7-17　　　　　　　　　　　　　图 7-18

　　在以上的互动中，马特再次重申了自己的观点。同样，这一观点的重申不仅在语言层面（"日冕更热是因为全部的［很热的气体］都［被拉到］中心"），也在身体层面（图 7-16）。也就是说，他并没有因为乔和卢克的质疑而改变自己的观点。从教师的语言（连续的联结－补充型对话）和身体（把马特的观点记录到白板上，即"证据的载体"）上，我们也可以看到她对马特观点的倾向。

　　随后，卢克重新进入对话。在以下的转录（视频为 28 秒）中，我们将看到，无论马特还是教师，都认可了卢克的观点，改变了自己的看法。在这么短的时间内，究竟发生了什么呢？分析者或许会倾向于立刻做出简单的判断，例如：核聚变的观点是对的，热气体被拉至中心的观点是错的，因此马特同意了正确的观点。这么简单的道理，还需要研究吗？殊不知，这样的分析者是带有偏见的，而未能真正"进入现场"，理解情境中的事件与人物。

```
41  TCR:  the core, (0.6)[to the core,
42  ALI:             [I mean what [happ-
43  TCR:                          [which is why.
44  LUK:  ((look at laptop screen)) [so gravity pulls ((MAT
45        turns head to the left and gazes at Luke, 7-19))
46        the gas together and ((MAT turns his eyeballs
47        slightly to the right and looks at LUK's screen,
48        7-20)) the gas doesn't necessarily ((MAT turns his
49        eyeballs back to gaze at LUK, 7-21)) need to be
50        hot,>even though it already is sort of hot.< (0.8)
51        °very hot°.
```

教师：核心，拉到核心……

艾丽斯：我的意思是，发生了什么……

教师：这就是为什么……

卢克：(看着笔记本电脑屏幕)所以重力将气体(马特转头看向卢克，见图7-19)拉到一起，(马特向右转动眼球，看着卢克面前的屏幕，见图7-20)而气体并不必然(马特转回眼球，看向卢克，见图7-21)是热的，虽然它已经是有些热了，非常热。

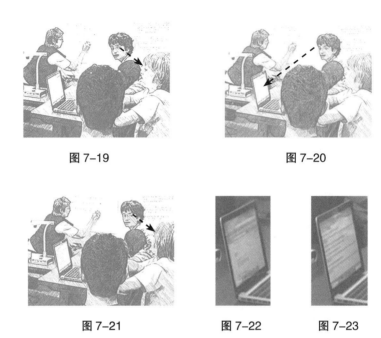

图 7-19　　　　　　　　　　　图 7-20

图 7-21　　　　　图 7-22　　　　图 7-23

```
52  MAT:  bu- (.) wait (.) [it's together (.) yeah.

53  LUK:  [and it pul- (.) an- all the- all

54        of the gases try to fall into the center becuz of

55        the gravit::y, and in the center when it all

56        collides, it causes nu- nuclear reactions.

57  TCR:  okay. [so it then causes tha-

58  LUK:  [em, (some of) the gases=

59  TCR:  =so it causes that [fusion. ((use palm of the left

60        hand to point to the board, 7-24.))

61  LUK:  [(playing) together, yeah.=
```

图 7-24   图 7-25

马特：但是，等等，它们在一起，对。

卢克：然后它拉着……因为重力，所有的气体都落入中心，然后在中心，当它们全都碰

        撞在一起，就产生了核……核反应。

教师：好的，所以它就导致了……

卢克：嗯，有些气体……

教师：所以它就导致了那个聚合。（用手拍白板，见图 7-24）

卢克：（碰）在一起，是的。

62   TCR: =[okay.

63   LUK: [and then it [causes,

64   MAT: [its- its- >it causes an explosion.<

65   LUK: yeah, and then that's what the explosion that

66   makes it so hot. ((widen hands open and closed,

67   7-25; and then tend to close the laptop, 7-26))

68   TCR: okay. ((look at the board, tend to write))

教师：好的。

卢克：然后它就导致……

马特：它……它导致了爆炸。

卢克：是的，然后这个爆炸就是它这么热的原因。（张开

        手臂又闭合，见图 7-25；然后用左手扳动笔记本

        电脑屏幕边缘，试图合上屏幕，见图 7-26）

图 7-26   教师：好的。（望向白板，准备写）

为了理解以上互动中"说服"与"被说服"的微观过程及其机制，我们对参与互动的关键三方（教师、马特、卢克）分别进行分析。

我们首先来分析教师被说服的证据，这一证据反映出语言、身体和物件之间的复杂互动和共时（synchronization）（Goodwin & Goodwin，1996）。在整段互动初始，卢克第一次插话（"被压缩了"）时，教师完全没有望向他（图 7–9）。当卢克继续发言时，教师的眼神扫向他（图 7–13），但迅速移向了首先提出质疑的乔（图 7–14），然后又移向了试图反驳的马特（图 7–15 和图 7–16）。在语言上，教师仅仅是从班级管理的角度说"你们不能全都同时说话"，而完全没有回应卢克的观点本身。随后，当卢克再次插入对话，并说了两段很长的话时，教师对他做出了直接的肯定回应（"好的，所以"）。然后，教师用手掌指向白板上已有的内容，望向卢克，并说"所以它就导致了"，这是在用语言和身体同时"引用"已有的证据，从而进一步肯定了卢克的观点。最后，教师继续两次做出肯定回应（"好的"、"好的"），并转向白板，准备记下卢克的观点，这一举动正式、公开地确立了卢克观点的合法性。

同样，马特被说服的证据也蕴藏在他的语言和身体之中。和教师一样，马特原本并没有关注卢克的发言：他的眼神扫过卢克（图 7–13），停留在提出质疑的乔身上（图 7–14），当他用手势进行争论时，他的眼神也一直望向乔（图 7–15 和图 7–16），证明他的争论所指向的听众是乔，而不是卢克（或教师）。然而，当马特听到了教师对卢克观点的肯定，并看到她引用了白板上的已有证据（图 7–24）后，他望向了卢克（图 7–25），并一直听完了后者的发言（图 7–26）。在语言层面，他原本还试图反驳（"等等，但是"），但紧接着就做出了让步（"对"），并重复了卢克的观点（"它导致了爆炸"），从而认可了这一不同的观点，改变了自己的原有看法。

那么，教师和马特为什么会在这么短的时间内改变看法呢？如果持有人类中心的偏见，而没有对物件的敏感，我们对这一说服过程就将失去很关键的一层理解：我们将会遗漏这段互动中的另一个主角，它对"说服"所起到的作用不亚于——甚至还要超出——乔和卢克的角色。这个主角就是卢克面前那台笔记本电脑，也就是拉图尔的行动者网络理论所提出的"行动者"（Latour, 1996, 2005）。在卢克第二次插入对话之前和之后，他的电脑屏幕上的内容是不一样的（图 7–22 和 7–23）。我们可以合理地猜测，他当时正在用电脑查找相关信息，而第二次插话时电脑屏幕上的内容，大致就是他说出来的内容。卢克的语言可以进一步印证这一猜测。"所以"这一连接词，在课堂话语中通常具备"指向乃至先前话语"的功能（O'Connor & Michaels, 1996），并且标记接下来的一段较长的话语（Bolden, 2009）。在这段对话中，所有的"所以"都可以就此理解，唯独卢克第二次插入的话，以"所以"开头，但却没有重复先前的话语，也没有特定的指向，那么我们可以更加合理地猜测，这个"所以"所指向的就是电脑所查找出来的相关内容。当卢克开始插话时，马特望向他（图 7–19），然后立即顺着卢克的眼神望向了电脑屏幕（图 7–20），然后又望向卢克（图 7–21）。在马特眼神转向的这短短两秒钟内，我们可以看到电脑这一行动者的"现身"：它开始借由卢克的身体发出声音、表达观点。最后，这一猜测还可以由卢克说完这段话之后的一个手势加以佐证：他伸出左手，扶着笔记本电脑的屏幕上沿，试图将其合上（图 7-26）。这说明他此前的言语确实与这台笔记本电脑有关，与电脑屏幕上的信息有关。在这个课堂情境中，网络信息的权威性超过了马特、卢克、乔、教师，乃至在场的其他任何人，而马特意识到了这一点。这便是这一"说服"与"被说服"的过程之关键：不是卢克说服了马特，而是笔记本电脑——作为借由卢克发声的"行动者"——说服了马特。

以上的分析基于具身的视角，探索了四位课堂互动参与者的"说服"与"被说服"的微观过程。从这种以一秒、一帧、一个动作为单位的分析中，我们可以看到身体与物件的互动是如何影响课堂讨论的进程，进而影响学生的学习过程的。和"语言中心论"一样，社会科学长久以来也将社会情境中的物件视为互动的附属品。这种偏见极大地阻碍了我们对人类互动之复杂机制的深入理解。爱德华·哈钦斯（Edward Hutchins）通过细致地观察一艘船上的船员工作，论证了他们关于航海的知识（认知层面）是如何分布在他们的身体（身体层面）和船身环境（物件层面）里的（Hutchins, 1993, 1995）。在我们的案例里，教师与学生在共同学习"太阳为什么这么热"的知识时，他们的知识生成与发展的过程也并非仅在各自的脑子里，或者仅在语言交谈的层面或身体之间协调的层面，还在他们与周遭物件和环境的互动之中。如果失去了这些信息，或者不以这样的视角重新加以审视，我们就很容易把这两分钟的师生互动视为无比简单、无比寻常、没有研究价值的数据，也就无法回答这一课堂互动究竟是"怎样发生的"，无法理解教师、马特、乔、卢克四人之间如此复杂而精细的争论过程，也更无法基于这种理解，深入探究课堂教学与学习过程的机制。

第三节 "编剧"立场的偏见

　　埃里克松在回顾自己近五十年的研究历程时，谈到了一个重要转向：他从原初的自然观察式的研究，越来越转向参与式的研究（Erickson，私人沟通）。也就是说，他越来越无法置身于自己所处的研究情境之外；他的视角、思考、行动越来越指向改变现实。这不仅仅是埃里克松一人的转向，也是整个课堂互动研究——乃至教育研究——范式的转向。例如，米恩在 2008 年的《教育人类学季刊》上发表的一篇评论中，阐述了自己是如何跟随米尔斯的指引，从自然观察的范式（如对 I-R-E 等话语结构进行描述）转向"设计研究"和"公共社会学"的范式（Mehan, 2008）。古铁雷斯在 2011 年的美国教育研究年会上发表主席演说时，也将自己职业生涯后期的研究取径界定为"社会性的设计实验"，号召教育研究界投身到社会变革中来（Gutiérrez, 2016; Gutiérrez & Jurow, 2016）。对九十年代兴起的学习科学来说，"指向行动"更是流淌在其血脉中的立场。可以说，变革（transformative）的范式是教育研究的发展趋势。

　　这种参与变革的立场应该是反思性的。也就是说，研究者应该对自己的身份、视角和行为有清醒的意识，应该对自己的"在场"及其影响保持足够的敏感。然而，这种反思的意识很难维持，研究者常常会陷入"编剧"立场的偏见，认为"事情应该按照我所设想的那样发展"，从而失去对情境本身、对"演员"立场的理解与共情。本节将通过我在博士论文课题研究过程中的经历与思考，展现一个期望参与变革的课堂互动研究者遇到过的困境。

我的博士论文探索小学高年级科学课堂上的争论行为。争论是很少见的课堂互动模式，而美国新的《下一代科学教育标准》明确指出将"基于证据的争论"作为科学教育的八个重要实践之一。因此，这对科学课堂的教学实践提出了很大的挑战（参见第六章第四节）。在2013–2014 学年，我在美国一所小学进行了为期一年的田野研究，试图和三位科学教师合作，在他们的课堂上用教师话语调度的形式促进学生之间的争论（Sandoval, Xiao, Redman, & Enyedy, 2015），并通过在日常教学中引入图像表征、引导学生运用图像表征的方式促进学生争论的质量。因此，这不是一个自然观察的研究，它所回答的不仅仅是"发生了什么"的实然问题，还包括"是否可以发生什么"和"如何发生我所希望发生的"的问题。换言之，这是一种"设计"。

在进入田野之前，我按照学习科学领域基于设计的研究方法，对我"希望发生的事情"进行了设计与安排，如图 7–27 所示。在这张图里，最左边的版块是理论假设，即"运用图像表征的能力内化能够促进学生在社会性科学议题中的争论质量"。左数第二个版块是这个理论假设在课堂上具体实践所需的元素，即作为工具或素材的"图像表征"、作为任务结构的"集体探究"、作为参与结构的"小组讨论或全班讨论"、作为话语实践的"合作式话语规范"。左数第三个版块是运用这些元素在课堂上进行具体实践的过程，即"数据支持的探究"和"图像表征中介的争论"。最右边的版块是这些实践将导向的学习结果，即"更高质量的争论"。从左向右，这些版块形成一个逐步实现的递进关系。这便是我的"剧本"。借用古铁雷斯的概念来说，这并不是宏观社会文化或那所学校现有文化的"官方剧本"，也不是由学生所生成的、旨在回避或颠覆官方剧本的"对立剧本"（Gutiérrez, 1995），而是一个局外人的构想：基于从已有研究中演绎出来的假设（最左边的版块，即"图像表征运用的内化将促进社会性科学议题论证的质量"），和三位教师紧密合作，在课堂上引入一些元素（左数第二个版块，包括工具、任务、参与结构、话语实践等），实现一些教学过程（左数第三个版块，即数据支持的探究和以图像表征为中介的争论），便能达成目标（最右边的版块，即高质量的论证）。

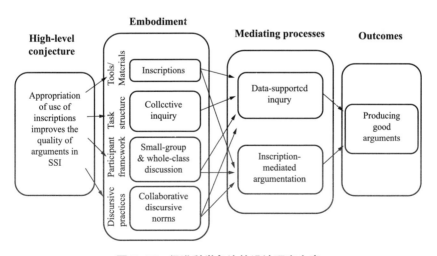

图 7-27 促进科学争论的设计研究方案

　　然而，在进入田野之后，这个看似结构工整的剧本却被现实冲得七零八落。例如，我所期望的话语实践——"合作式话语规范"——中应该包含一些基本的术语（如论点、证据）以及对这些术语的深入理解（如争论和争吵的区别）。当课堂互动参与者将这些术语内化进自己的话语之后，他们应该就能形成一系列共享的规范，例如"论点必须有证据的支持"、"当你不同意某人观点的时候，先复述你所不同意的那个观点"，等等。在我的构想中，这个术语内化的过程应该是师生共同"创造"出来的，是生成性的。然而，我在课堂上却时常观察到这样的师生互动：

表 7-2

01 教师：	她刚刚给出了一个什么？
02 众学生：	假设。
03 教师：	对，但是在争论中，我们叫它什么？
04 众学生：	论点。
05 教师：	对，那么她必须怎样？
06 众学生：	找证据。
07 教师：	来干嘛？
08 众学生：	为她的论点辩护。
09 教师：	很对。

　　这样的互动完全遵循 I-R-E 结构。因此，它更像一种已有信息的确认：教师原本就知道正确答案，然后通过"明知故问"的方式，检验学生的理解。根据米恩和卡兹登的研究，我们已经知道，这样的结构所对

应的是识记的教育功能，而非理解——更不是一种生成性的、能够促成共享规范的理解（Cazden, 2001; Mehan, 1979）。

面对这样"脱离剧本"的情形，我的第一反应是对师生做出某种评价——他们哪儿做"对"了？哪儿做"错"了？哪些时候是"好"的？哪些时候是"不好"的？什么举动"合适"？什么举动"不合适"？尽管我在社会科学研究方法上的训练（如"自然观察"或"参与式观察"的训练）要求我不在田野现场做出任何公开的负面评论，也要求我在自处时克制任何"缺陷视角"的思考。但是，即使是正面的评论，或者看似没有正负偏向的观察，也已经带有了"编剧"立场的偏见：我总是从自己预设的剧情角度来观察、感受和评论课堂上发生的事情。具体来说，我已经戴上了一副"设计"的眼镜——按照我的预设方案发生的事件是"好"的，这一事件的参与者的行为也相应地就是"对"的；如果某一事件应该按照我的预设方案发生，实际却没有发生，那么必然是参与者哪儿做"错"了。这样的偏见在我上半年的田野笔记里随处可见，例如：

[T-131023-0850] 这时各个小组内有很多讨论，但几乎没有什么争论。看上去似乎他们的讨论都集中在如何表述观点，而不是观点本身。①

[P-131105-1346] 教师 K 问学生有没有注意到视频里有一处事实性的错误，那个知识现在已经不正确了。一个女生回答说，冥王星已经不

---

① 方括号中的符号是田野笔记的编码，即"T班，2013 年 10 月 23 日，8 点 50 分"。下同。

是太阳系里的一颗行星了。教师 K 随即强调，这就是科学在做的事情。这个时刻应该是一个讨论科学本质的好时机（例如：科学是如何做出这个论断的？有没有可能这个事实在未来又被推翻？）

在第一条笔记里，由于我当时一心关注的是"我所期望的争论是否发生"，所以对于正在进行的小组讨论，我根本没有关心学生们究竟说了什么，也没有在意他们的讨论是如何发生的。第二句话直接跳过了对现象的描述，而以"看上去似乎"开头，做出了一个整体而笼统的判断，这是田野工作的大忌。其次，这句话看似价值中立，实际上却隐藏着偏见：我认为学生的讨论应该集中于观点本身，而不应该集中于如何表述观点。但是，从本书前面数章的阐述可知，没有任何互动是可以脱离当时的特定情境而"应该"或"不应该"发生的。例如，如果只有十分钟就要做小组陈述了，那么讨论如何表述观点就是完全合理且必要的。

同样，在第二条笔记里，我原本应该关注的是教师 K 与学生之间的互动：从学生的思考时间和回应行为来看，这是一个有难度的问题吗？女生是怎样回答的？教师的"强调"是面向这个女生，还是回音给了全班学生？女生对教师的"强调"有怎样的反应？其他的学生又有怎样的反应？然而，从这条笔记可见，我的思维完全框在了自己的"编剧"立场里：我期待的事情发生了吗？怎样让它发生？这样的偏见阻碍了我对当时的情境和事件的观察与理解。

我对"编剧"立场的反思出现在 2013 年 11 月 20 日。这天上午，教师 M 在 T 班进行天文学单元的教学。在这节课的最开始，教师召集全班学生坐在教室前方的地毯上，朗读一本题为《暮色》的绘本。这个绘本的文字部分是一首关于暮色变换的诗，辅以油画的配图。我们希望通过这个绘本，引入黎明与黄昏、日出与日落等概念，为随后天体运动的教学做好准备。在教师朗读完毕，正准备请学生回到各自座位上进行小组讨论时，有一个学生突然举手提问，表达了自己的一个困惑。教师请另一位学生回答这一问题，但其答案似乎并未让教师满意，正当回答的学生试图继续解释时，教师打断了他的发言。下表呈现了这段约40秒的互动。

表 7-3

01 教师：	嗯？
02 学生 E：	呃，我不大理解为什么这本书和科学有关。
03 教师：	你不理解为什么这本书和科学有关？
04 众学生：	嗯……
05 教师：	谁真的理解了为什么这本书和科学有关？
	（教师举起书，将封面展示给全班学生。大概有 5 个学生举手，还有一些在小声讨论。教师等待了约 10 秒钟。）
06 教师：	谁理解了？我看到了很多举起的手。J，这本书怎么和科学有关的？
07 学生 J：	呃……因为，这是因为，呃，其实它听起来并不怎么科学。
08 教师：	嗯哼。（点头）
09 学生 J：	它更带有诗意的感觉……
10 教师：	是的。
	（一些学生笑。）

11 学生 J：	但是，呃，这本书有一点点的科学在里面，就是关于地球的转动……
	（摇头）这不是它的科学……
12 教师：	（坐在学生 J 前面的学生 A 回身望向学生 J，也摇头，然后转回身子，望向教师。）
13 学生 A：	暮色，是暮色。
14 教师：	（点头）这本书在讲暮色。
15 学生 A：	所以这就是它在讲的。
16 教师：	它让你思考暮色的事情。（望向最开始提问的学生 E）黎明与黄昏。
17 学生 J：	等等，所以因为地球在转动……
18 教师：	嘘！（举起手中的便签纸）你必须写下来，还记得吗？
	（学生 J 不再言语。）

我当时的田野笔记是这样记的：

课后，我与教师 M 简略地讨论了课上的情况。我告诉她，学生 E 的那个提问非常好，因为它可以被塑造为一个"何谓证据"的问题。教师 M 同意我的观点，并认为在明天的课上可以把这本书和另一本书相比较。

这条笔记似乎没有显出倾向，但我很清楚地记得，我当时是有失望情绪的，因为我觉得学生 A 和学生 J 之间已经形成了某种不同意见，而这是引发争论的大好时机。我不理解为什么教师 M 要阻止学生 J 的

听说：探索课堂互动的研究谱系

进一步解释。在我——一个课堂互动的"编剧"——看来，教师 M 完全应该首先听学生 J 说完自己的观点，然后将其回音给学生 A 乃至全班同学，从而将 J 与 A 置于对立的位置上，引发二者之间的争论，正如本书第二章的研究所描述的那样（O'Connor & Michaels, 1993, 1996; Michaels, O'Connor, & Resnick, 2008）。

这节课结束之后，即 2013 年 11 月 20 日中午，我和三位教师开了一次例会，交换各自的教学进度和课堂上值得注意的事情，并一起讨论未来数日的教学安排。在这个例会上，教师 M 主动谈起她的一个苦恼：学生 J 常常打乱她的节奏。她说，学生 J 的父母都是科学家，在大学从事科研工作，所以他接触科学比班上其他同学早得多，而且他"智商非常高"，所以总是"不教就能学会"。在很多情况下，学生 J 都是教师的好帮手，能够替她解决一些甚至她自己都不懂的疑难问题；但在另一些情况下，由于他"什么都知道"，所以教师安排的自主思考、小组讨论、各组汇报、全班讨论等互动环节往往会"失效"，因为他总会"提前公布答案"。

听了这番话，我才意识到半小时前的课上那一段互动究竟是怎么回事。教师原本预设的环节是在读完绘本之后，学生回到各自座位上，在便签纸上写下自己对"暮色"何以形成的想法。然后，教师会组织小组讨论，让各组先形成统一意见，然后在全班范围内汇报与讨论，最终达成共识。在这样的安排下，学生 J 两次谈及"地球在转动"（11，17）就很有可能给其他学生以不必要的提示；尤其是，在 T 班的课堂文化里，学生 J 已经形成了知识权威的角色，所以他的观点更有可能引导他人的思维，造成不利于随后学习过程的影响。换言之，教师当时的阻止

（12，18）恰恰是为了给之后有可能出现的争论留出空间，虽然在形式上看似是在"扼杀"正在出现的不同意见。然而，我当时过于陷在自己的"编剧"立场里，仅仅关注当时"应该发生的是否发生"，而完全忽略了情境。更严重的是，由于这种"编剧"立场的偏见，我根本没有想到，作为研究者，我的任务首先是要理解"发生了什么"和"为什么如此发生"，因此也就根本没有意识到"学生 J 的身份"这样一个如此明显的互动元素，而对教师的行为做出了不恰当的判断。

在论及民族志影像时，人类学家大卫·麦克道尔（David MacDougall）提到了两种不同的取径：持观察取径的研究者极力隐去自己（但其实又无处不在），试图避开与"研究对象"的直接接触，认为以此就可以保有研究的科学性；持参与取径的研究者则承认其研究是一种进入他人世界的方式，承认自己的"在场"所带来的影响，并力图让自己的分析呈现出他所研究的"局内人"自身的视角与感受（MacDougall，2003）。我在自己的研究中——尤其是在 2013 年 11 月 20日之后——不断遭遇的则是另一重张力：如何在参与和观察的双重角色之间保持平衡，一方面接纳自己的参与者角色，反身地观察自己的"在场"，另一方面不让自己的"编剧"视角遮蔽自己对情境与事件本身的理解。就我的个人经验来说，达到这样的平衡非常艰难，研究者或许将长期处于摇摆不定的困境之中。尽管如此，反思本身的力量是不容忽略的。

结语

    以上三节分别呈现了语言中心、人类中心和"编剧"视角的偏见。虽然消除这些偏见道阻且长，但这是通向理解之途，更是通向社会公正之途，也许也是致力于课堂互动研究的学者并肩同行的方向。

    长久以来，教育研究以理论思辨为荣，而视日常生活为微末，视一个个具体生命和具体故事为尘俗。然而，与理论世界的纵横捭阖一样，扎根于日常情境的课堂互动研究也能切实地推动变革。这样的研究需要我们尊重课堂生活世界中的"日用行常"。在本书尾声，让我们回到考特妮·卡兹登，课堂互动研究的鼻祖之一。她在《课堂话语》一书的开篇就写道："课堂是人类环境中最拥挤的一种。"（Cazden，2001，p. 2）但是，它同时也是我们最习以为常的一种，因为每个人都或多或少、或远或近地拥有身处课堂之中的经历，遑论教育研究者。在社会科学传统宏大叙事的轰鸣声中，课堂上的一言一语、一举一动往往被视为琐碎、无序、庸常的杂乱现象。经历了"语言转向"和"身体转向"后，社会科学界开始认识到日常生活的重要性。常人方法学、交往民族志、微观互动民族志等方法论取向为教育研究提供了许多新的方向和问题（Erickson，2004；Koschmann, Stahl, & Zemel，2007），而它们无一不需要我们尊重课堂上看似寻常的现象、事件与情境。只有从课堂生活世界中的"日用行常"入手，尊重一点一滴的证据，积累对课堂复杂互动的理解，我们才能推动更宏大、更壮阔的教育变革。

参考文献

Abrahamson, D., & Lindgren, R. (2014). Embodiment and embodied design. In K. Sawyer (Ed.), The Cambridge handbook of the learning sciences (pp. 358–376). Cambridge, UK: Cambridge University Press.

Alibali, M. W., & Nathan, M. J. (2012). Embodiment in mathematics teaching and learning: Evidence from learners' and teachers' gestures. Journal of the Learning Sciences, 21(2), 247–286.

Alton-Lee, A., Nuthall, G., & Patrick, J. (1993). Reframing classroom research: A lesson from the private world of children. Harvard Educational Review, 63, 50–84.

Bakhtin, M. M. (1990). Art and answerability: Early philosophical essays. Austin, TX: University of Texas Press.

Bakhtin, M. M. (1981). The dialogic imagination: Four essays. Austin, TX: University of Texas Press.

Ballenger, C. (1999). Teaching other people's children: Literacy and learning in a bilingual classroom. New York, NY: Teachers College Press.

Bateson, G. (1956). The message "this is a play." In B. Schaffner (Ed.), Group processes. New York: Josiah Macy, Jr., Foundation. (Republished in

G. Bateson, Steps to an ecology of mind. New York, NY: Ballantine Books, 1972)

Bateson, G. (1972). Steps to an ecology of mind. New York, NY: Ballantine Books.

Bazerman, C. (1988). Shaping written knowledge: The genre and activity of the experimental article in science. Madison, WI: University of Wisconsin Press.

Bell, P., & Linn, M. C. (2000). Scientific arguments as learning artifacts: Designing for learning from the Web with KIE. International Journal of Science Education, 22(8), 797–817.

Bellack, A. A., Kliebard, H. M., Hyman, R. T., & Smith, F. L., Jr. (1966). The language of the classroom. New York: Teachers College Press.

Berland, L. K., & Hammer, D. (2012). Framing for scientific argumentation. Journal of Research in Science Teaching, 49(1), 68–94.

Berland, L. K., & Reiser, B. J. (2009). Making sense of argumentation and explanation. Science Education, 93(1), 26–55.

Bezemer, J., & Mavers, D. (2011). Multimodal transcription as academic practice: a social semiotic perspective. International Journal of Social Research Methodology, 14(3), 191–206.

Bolden, G. B. (2009). Implementing incipient actions: The discourse marker "so" in English conversation. Journal of Pragmatics, 41(5), 974–998.

Bricker, L. A., & Bell, P. (2008). Conceptualizations of argumentation from science studies and the learning sciences and their implications for the practices of science education. Science Education, 92(3), 473–498.

Bromme, R. (2005). Thinking and knowing about knowledge: A plea for and critical remarks on psycho-logical research programs on epistemological beliefs. In M. H. G. Hoffmann, J. Lenhard, & F. Seeger (Eds.), Activity and sign: Grounding mathematics education (pp. 191–201). New York, NY: Springer.

Brown, A. L. (1992). Design experiments: Theoretical and methodological challenges in creating complex interventions in classroom settings. Journal of the Learning Sciences, 2(2), 141- 178.

Brown, B. A. (2006). "It isn't no slang that can be said about this stuff": Language, identity, and appropriating science discourse. Journal of Research in Science Teaching, 43(1), 96–126.

Brown, B. A., & Spang, E. (2008). Double talk: Synthesizing everyday and science language in the classroom. Science Education, 92(4), 708–732.

Brown, P., & Levinson, S. C. (1987). Politeness: Some universals in language usage. Cambridge University Press.

Castillo, R. (2015). Arizona-bred Kris Gutiérrez new president of research association. Retrieved from: https://www.hispanicoutlook.com/clay-latimer/2015/9/28/arizona-bred-kris-gutirrez-new-president-of-research-associaton

Cavagnetto, A. R. (2010). Argument to foster scientific literacy: A review of argument interventions in K-12 science contexts. Review of Educational Research, 80(3), 336–371.

Cazden, C. B. (1979). Foreword. In H. Mehan, Learning lessons: Social organization in the classroom (pp. vii–xii). Cambridge, MA: Harvard University Press.

Cazden, C. B. (1983). Peekaboo as an instructional model: discourse development at school and at home. In Bain, B. (ed.) The sociogenesis of language and human conduct: A multi-disciplinary book of readings (pp. 33–58). New York, NY: Plenum.

Cazden, C. B. (1988). Classroom discourse (1st ed.). Portsmouth, NH: Heinemann.

Cazden, C. B. (2001). Classroom discourse (2nd ed.). Portsmouth, NH: Heinemann.

Cazden, C. B. (2002). A descriptive study of six high school Puente classrooms. Educational Policy, 16(4), 496–521.

Cazden, C. B., & Mehan, H. (2013). Some beginnings of the recitation lesson. Paper presented at the Annual Conference of the American Educational Research Association, San Francisco, CA.

Cazden, C. B., & Michaels, S. (1987). Cultural differences and differential treatment: A discourse on perspective on Inequalities in Education. In G. Gagne, F. Daems, S. Kroon, J. Sturm, & E. Tarrab (Eds.), Selected papers in mother tongue education. Dordrecht, Netherlands and Providence: Foris Publishers.

Cazden, C. B., Michaels, S., & Tabors, P. (1985). Spontaneous repairs in sharing time narratives: The intersection of metalinguistic awareness, speech event and narrative style. In S. W. Freedman (Ed.), The acquisition of written language: Response and revision. Norwood, NJ: Ablex.

Chaiklin, S. (2003). The zone of proximal development in Vygotsky's analysis of learning and instruction. In A. Kozulin, B. Gindis, V. S. Ageyev & S. M. Miller (Eds.), Vygotsky's educational theory in cultural context (pp. 39-64). Cambridge, UK: Cambridge University Press.

Chapin, S., O'Connor, C., & Anderson, N. (2003). Classroom discussions: Using math talk to help students learn: Grades 1–6. Sausalito: Math Solutions Publications.

Chi, M. (1997). Quantifying analyses of verbal data: A practical guide. Journal of the Learning Sciences, 6(3), 271–315.

Chinn, C. A., Buckland, L. A., & Samarapungavan, A. (2011). Expanding the dimensions of epistemic cognition: Arguments from philosophy and psychology. Educational Psychologist, 46(3), 141–167.

Collins, A. (1992). Toward a design science of education. In E. Scanlon & T. O'Shea (Eds.). New Directions in Educational Technology (pp. 15–22). Berlin: Springer-Verlag.

DeLiema, D. (2017). Co-constructed failure narratives in mathematics tutoring. Instructional Science, 45(6), 709–735.

Driver, R., Newton, P., & Osborne, J. (2000). Establishing the norms of scientific argumentation in classrooms. Science Education, 84(3), 287–312.

Duschl, R. A. (2008). Science education in three-part harmony: Balancing conceptual, epistemic, and social learning goals. Review of

参
考
文
献

Research in Education, 32(1), 268–291.

Duschl, R. A., & Osborne, J. (2002). Supporting and promoting argumentation discourse in science education. Studies in Science Education, 38(1), 39–72.

Engle, R. A., & Conant, F. R. (2002). Guiding principles for fostering productive disciplinary engagement: Explaining an emergent argument in a community of learners classroom. Cognition and Instruction, 20(4), 399–483.

Enyedy, N. (2005). Inventing mapping: Creating cultural forms to solve collective problems. Cognition and Instruction, 23(4), 427–466.

Enyedy, N., & Hall, R. (2017). Cognition and instruction in transition. Cognition and Instruction, 35(1), 1–3.

Enyedy, N., & Stevens, R. (2014). Analyzing collaboration. In K. Sawyer (Ed.), The Cambridge handbook of the learning sciences (pp. 191–212). Cambridge, UK: Cambridge University Press.

Erduran, S., Simon, S., & Osborne, J. (2004). TAPping into argumentation: Developments in the application of Toulmin's argument pattern for studying science discourse. Science Education, 88(6), 915–933.

Erickson, F. (1975). Gatekeeping and the melting pot: Interaction in counseling encounters. Harvard Educational Review, 45(1), 44–70.

Erickson, F. (1986). Qualitative methods in research on teaching. In M. C. Wittrock (Ed.), Handbook of research on teaching (pp. 119–161). New York, NY: Macmillan.

Erickson, F. (1987). Transformation and school success: The politics and culture of school achievement. Anthropology and Education Quarterly, 18(4), 335–356.

Erickson, F. (1992). They know all the lines: Rhythmic organization and contextualization in a conversational listing routine. In P. Auer and Aldo di Luzio (Eds.). The contextualization of language (pp. 365–397). Philadelphia, PA: John Benjamin Publishing Company.

Erickson, F. (1995). The music goes round and round: How music means in school. Educational Theory, 45(1), 19–34.

Erickson, F. (1996a). Going for the zone: The social and cognitive ecology of teacher-student interaction in classroom conversations. In D. Hicks (Ed.), Discourse, learning, and schooling (pp. 29–62). Cambridge, MA: Cambridge University Press.

Erickson, F. (1996b). Inclusion into what?: Thoughts on the construction of learning, identity, and affiliation in the general education classroom. In D. Speece & B. Keogh (Eds.), Research on classroom ecologies: Implications for inclusion of children with learning disabilities (pp. 91–105). Mahwah, NJ: Lawrence Erlbaum.

Erickson, F. (2004). Talk and social theory: Ecologies of speaking and listening in everyday life. Cambridge, UK: Polity Press.

Erickson, F. (2006). Definition and analysis of data from videotape: Some research procedures and their rationales. In J. L. Green, G. Camilli, & P. B. Elmore (Eds.), Handbook of complementary methods in education research (pp. 177–192). Mahwah, NJ: Lawrence Erlbaum Associates.

Erickson, F. (2009). Musicality in talk and listening: A key element in classroom discourse as an environment for learning. In S. Malloch & C. Trevarthen (Eds.), Communicative Musicality: Exploring the basis of human companionship (pp. 449–463). New York: Oxford University Press.

Erickson, F. (2010). The neglected listener: Issues of theory and practice in transcription from video in interaction analysis. In J. Streeck (Ed.), New adventures in language and interaction (pp. 243–256). Amsterdam: John Benjamins.

Erickson, F. (2011). Uses of video in social research: a brief history. International Journal of Social Research Methodology, 14(3), 179–189.

Erickson, F. (2012). Qualitative research methods for science education. In B. Fraser, K. Tobin, & C. J. Campbell (Eds.), Second international handbook of science education (pp. 1451–1469). Netherlands: Springer.

Erickson. F., Florio. S., & Buschman. J. (1980). Fieldwork in educational research (Occasional Paper No. 36). East Lansing, MI: Institute for Research on Teaching.

Erickson, F., & Gutiérrez, K. (2002). Culture, rigor, and science in educational research. Educational Researcher, 31(8), 21–24.

Erickson, F., & Shultz, J. (1977). When is a context?: Some issues and methods in the analysis of social competence. Quarterly Newsletter of the Institute for Comparative Human Development, 1(2), 5–10.

Erickson. F., & Schultz. J. (1981). When is a context?: Some issues and methods in the analysis of social competence. In J. Green & C. Wallat (Eds.).

Ethnography and language in educational settings (pp. 147–160). Norwood, NJ: Ablex.

Erickson, F., & Shultz, J. (1982). The counselor as gatekeeper: Social interaction in interviews. New York, NY: Academic Press.

Erickson, F., & Wilson, J. (1982). Sights and sources of life in schools: A resource guide to film and videotape for research and education. East Lansing, MI: Institute for Research on Teaching.

Esmonde, I. (2009). Mathematics learning in groups: Analyzing equity in two cooperative activity structures. Journal of the Learning Sciences, 18(2), 247-284.

Fahnestock, J. (1999). Rhetorical figures in science. New York, NY: Oxford University Press.

Feinstein, N. W. (2011). Salvaging science literacy. Science Education, 95(1), 168–185.

Garfinkel, H. (1967). Studies in ethnomethodology. Englewood Cliffs, NJ: Prentice-Hall.

Garfinkel, H. (1974). On the origins of the term 'ethnomethodology'. In R. Turner (Ed.), Ethnomethodology (pp. 15–18), Harmondsworth, UK: Penguin.

Gay, G. (2000). Culturally responsive teaching: Theory, practice and research. New York, NY: Teachers College Press.

Gee, J. P. (1990). Social linguistics and literacies: Ideology in discourses. New York, NY: Falmer.

Gee, J. P. (2010). An introduction to discourse analysis: Theory and method. New York, NY: Routledge.

Geertz, C. (1973). The interpretation of cultures. New York: Basic Books.

Giroux, H. (1983). Theory and resistance in education. London, UK: Heinemann.

Goffman, E. (1955). On face-work: An analysis of ritual elements in social interaction. Psychiatry, 18, 213–231.

Goffman, E. (1959). The presentation of self in everyday life. New York, NY: Doubleday, Anchor Books.

Goffman, E. (1961). Asylums: Essays on the social situation of mental patients and other inmates, New York, NY: Doubleday, Anchor Books.

Goffman, E. (1963). Behavior in public places: Notes on the social organization of gatherings, New York, NY: The Free Press.

Goffman, E. (1971). Relations in public: Microstudies of the public order, New York, NY: Basic Books.

Goffman, E. (1979). Gender advertisements. London, UK: Macmillan.

Goodwin, C., & Goodwin, M. H. (1996). Seeing as a situated activity: Formulating planes. In Y. Engeström & D. Middleton (Eds.). Cognition and communication at work (pp. 61–95). Cambridge, UK: Cambridge University Press.

Goodwin, C., & Heritage, J. (1990). Conversation analysis. Annual Review of Anthropology, 19(1), 283–307.

Green, J. L. (1983). Research on teaching as a linguistic process: A state of the art. Review of Research in Education, 10, 151–252.

Greeno, J., & Engeström, Y. (2014). Learning in activity. In K. Sawyer (Ed.), The Cambridge handbook of the learning sciences (pp. 128–147). Cambridge, UK: Cambridge University Press.

Gumperz, J. J. (1982). Discourse strategies. Cambridge, UK: Cambridge University Press.

Gumperz, J. J. (1992). Contextualization and understanding. In A. Duranti and C. Goodwin (Eds.), Rethinking context: Language as an interactive phenomenon (pp. 229–252). Cambridge, UK: Cambridge University Press.

Gumperz, J. J. (2001). Interactional sociolinguistics: A personal perspective. In D. Schiffrin, D. Tannen, & H. E. Hamilton (Eds.), The handbook of discourse analysis (pp. 215–228). Malden, MA: Blackwell Publishers Inc.

Gumperz, J. J., & Hymes, D. (1972). Directions in sociolinguistics. New York, NY: Holt, Rhinehart and Winston.

Gutiérrez, K. (1993). How talk, context, and script shape contexts for learning to write: A cross case comparison of journal sharing. Linguistics and Education, 5(3/4), 335–365.

Gutierrez, K. (2016). Designing resilient ecologies: Social design experiments and a new social imagination. Educational Researcher, 45(3), 187–196.

Gutiérrez, K., Baquedano-Lopez, P., & Tejeda, C. (1999). Rethinking diversity: Hybridity and hybrid language practices in the third space. Mind, Culture, & Activity: An International Journal, 6(4), 286–303.

Gutiérrez, K. D., & Jurow, A. S. (2016). Social design experiments: Toward equity by design. Journal of the Learning Sciences, 25(4), 565–598.

Gutiérrez, K. D., Morales, P. Z., & Martinez, D. C. (2009). Re-mediating literacy: Culture, difference, and learning for students from nondominant communities. Review of Research in Education, 33(1), 212–245.

Gutiérrez, K. & Rogoff, B. (2003). Cultural ways of learning: Individual traits or repertoires of practice. Educational Researcher, 32(5), 19–25.

Gutiérrez, K., Rymes, B., & Larson, J. (1995). Script, counterscript, and underlife in the classroom: James Brown versus Brown v. Board of Education. Harvard Educational Review, 65(3), 445–471.

Hansen, K. K. (1997). Folk remedies and child abuse: A review with emphasis on caida de mollera and its relationship to shaken baby syndrome. Child Abuse & Neglect, 22(2), 117–127.

Heath, S. B. (1980). The functions and uses of literacy. Journal of Communication, 30(1), 123–133.

Heath, S. B. (1982). What no bedtime story means: Narrative skills at home and school. Language in Society, 11(1), 49–76.

Heath, S. B. (1983). Ways with words. New York, NY: Cambridge University Press.

Heritage, J. (1984). Garfinkel and ethnomethodology. Cambridge, UK: Polity Press.

Hoadley, C. (2004). Learning and design: Why the learning sciences and instructional systems need each other. Educational Technology: The Magazine for Managers of Change in Education, 44(3), 6–12.

Hoadley, C. (in press). A short history of the learning sciences. To be appeared in the International Handbook of the Learning Sciences.

Horn, I. S. (2007). Fast kids, slow kids, lazy kids: Framing the mismatch problem in mathematics teachers' conversations. Journal of the Learning Sciences, 16(1), 37–79.

Hutchins, E. (1993). Learning to navigate. In S. Chaiklin & J. Lave (Eds.), Understanding practice: Perspectives on activity and context (pp. 35–63). Cambridge, UK: Cambridge University Press.

Hutchins, E. (1995). Cognition in the wild. Cambridge, MA: MIT Press.

Hymes, D. H. (1962). The ethnography of speaking. In T. Gladwin & W. C. Sturtevant (Eds.), Anthropology and human behavior (pp. 13–53). Washington, DC: Anthropology Society of Washington.

Hymes, D. H. (1964). Introduction: Toward ethnographies of communication. American Anthropologist, 66(6), 1–34.

Hymes, D. H. (1974). Foundations in sociolinguistics: An ethnographic approach. Philadelphia, PA: University of Pennsylvania Press.

Jiménez-Aleixandre, M. P., & Erduran, S. (2008). Argumentation in science education: An overview. In S. Erduran & M. P. Jiménez-Aleixandre

(Eds.), Argumentation in science education (pp. 3–27). Netherland: Springer.

Jordan, B., & Henderson, A. (1995). Interaction analysis: Foundations and practice. Journal of the Learning Sciences, 4(1), 39–103.

Jurow, A. S., Hall, R., & Ma, J. Y. (2008). Expanding the disciplinary expertise of a middle school mathematics classroom: Re-contextualizing student models in conversations with visiting specialists. Journal of the Learning Sciences, 17(3), 338–380.

Kelly, G. J., & Takao, A. (2002). Epistemic levels in argument: An analysis of university oceanography students' use of evidence in writing. Science Education, 86(3), 314–342.

Kendon, A. (1990). Conducting interaction: Patterns of behavior in focused encounters. New York, NY: Cambridge University Press.

Kolodner, J. L. (2004). The learning sciences: Past, present, and future. Educational Technology: The Magazine for Managers of Change in Education, 44(3), 37–42.

Kolstø, S. D. (2001). "To trust or not to trust,···' -pupils" ways of judging information encountered in a socio-scientific issue. International Journal of Science Education, 23(9), 877–901.

Korpan, C. A., Bisanz, G. L., Bisanz, J., & Henderson, J. M. (1997). Assessing literacy in science: Evaluation of scientific news briefs. Science Education, 81(5), 515–532.

Koschmann, T., Stahl, G., & Zemel, A. (2007). The video analyst's manifesto (or the implications of Garfinkel's policies for the development of a program of video analytic research within the learning sciences). In R. Goldman, R. Pea, B. Barron & S. Derry. (Eds.), Video research in the learning sciences (pp. 133–143). Mahwah, NJ: Lawrence Erlbaum Associates.

Kuhn, D. (1991). The skills of argument. New York, NY: Cambridge University Press.

Kuhn, D. (1993). Science as argument: Implications for teaching and learning scientific thinking. Science Education, 77(3), 319–337.

Kuhn, D. (2005). Education for thinking. Cambridge, MA: Harvard University Press.

Kuhn, D. (2010). Teaching and learning science as argument. Science Education, 94(5), 810–824.

Lagemann, E. C. (2000). An elusive science: The troubling history of education research. Chicago, IL: University of Chicago Press.

Lansford, J. E., Chang, L., Dodge, K. A., Malone, P. S., Oburu, P., Palmérus, K.,　… Quinn, N. (2005). Physical discipline and children's adjustment: cultural normativeness as a moderator. Child Development, 76(6), 1234–1246.

Latour, B. (1987). Science in action: How to follow scientists and engineers through society. Cambridge, MA: Harvard University Press.

Latour, B. (1996). On interobjectivity. Mind, Culture, and Activity, 3(4), 228–245.

Latour, B. (2005). Reassembling the social: An introduction to actor-network-theory. New York, NY: Oxford University Press.

Latour, B., & Woolgar, S. (1979). Laboratory life: The construction of scientific facts. Princeton, NJ: Princeton University Press.

Lave, J., & Wenger, E. (1991). Situated learning: Legitimate peripheral participation. New York, NY: Cambridge University Press.

Lee, C. D. (1993). Signifying as a scaffold for literary interpretation: The pedagogical implications of an African American discourse genre. Urbana, IL: National Council of Teachers of English.

Lee, C. D. (1995a). A culturally based cognitive apprenticeship: Teaching African American high school students skills in literary interpretation. Reading Research Quarterly, 30(4), 608–631.

Lee, C. D. (1995). Signifying as a scaffold for literary interpretation. Journal of Black Psychology, 21(4), 357–381.

Lee, C.D. (2001). Is October Brown Chinese? A cultural modeling activity system for underachieving students. American Educational Research Journal, 38(1), 97–142.

Lee, C. D. & Spencer, M. B. & Harpalani, V. (2003). Every shut eye ain't sleep: Studying how people live culturally. Educational Researcher, 32(5), 6–13.

Lee, C.D. (2004). Double voiced discourse: African American vernacular English as resource in cultural modeling classrooms. In A. Ball and S. W. Freedman (Eds.). New literacies for new times: Bakhtinian perspectives on language, literacy, and learning for the 21st century. New

York, NY: Cambridge University Press.

Lee, C. D. (2007). Culture, literacy and learning: Taking blooming in the midst of the whirlwind. New York, NY: Teachers College Press.

Leeds-Hurwitz, W. (1987). The social history of the natural history of an interview: A multidisciplinary investigation of social communication. Research on Language & Social Interaction, 20(1-4), 1–51.

Lemke, J. L. (1990). Talking science: Language, learning and values. Norwood, NJ: Ablex.

Liu, C., & Tobin, J. (2018). Group exercise in Chinese preschools in an era of child-centered pedagogy. Comparative Education Review, 62(1), 5–30.

Lucy, J. A. (1997). Linguistic relativity. Annual Review of Anthropology, 26, 291–312.

Lynch, M. (1985). Art and artifact in laboratory science: A study of shop work and shop talk in a research laboratory. London, UK: Routledge and Kegan Paul.

MacDougall, D. (2003). Beyond observational cinema. In P. Hockings (Ed.), Principles of visual anthropology (pp. 115–132). Berlin, Germany: Mouton de Gruyter.

MacIntyre, A. (1981). After virtue: A study in moral theory. Notre Dame, IN: University of Notre Dame Press.

Manz, E. (2015). Representing student argumentation as functionally emergent from scientific activity. Review of Educational Research, 85(4), 553–590.

Mayer, S. J., (2009). Conceptualizing interpretive authority in practical terms. Language and Education, 23(3), 199–216.

Maynard, D. W. & Clayman, S. E. (2003). Ethnomethodology and conversation analysis. In L. T. Reynolds & N. J. Herman-Kinney (Eds.). The handbook of symbolic interactionism (pp. 173–202). Walnut Creek, CA: Altamira Press.

McDermott, R. P. (1977a). Kids make sense: An ethnographic account of the interactional management of success and failure in one first-grade classroom (Unpublished doctoral dissertation). Stanford University.

McDermott, R. P. (1977b). Social relations as contexts for learning in school. Harvard Educational Review, 47(2), 198–213.

McDermott, R. P. (1987). The explanation of minority school failure, again. Anthropology & Education Quarterly, 18(4), 361–364.

McDermott, R. P. (1988). Inarticulateness. In D. Tannen (Ed.), Linguistics in context (pp. 37–68). Norwood, NJ: Ablex.

McDermott, R. P. (1993). The acquisition of a child by a learning disability. In S. Chailklin & J. Lave (Eds.), Understanding Practice: Perspectives on activity and context (pp. 269–305). New York, NY: Cambridge University Press.

McDermott, R. P. (1999). Culture is not an environment of the mind. Journal of the Learning Sciences, 8(1), 157–169.

McDermott, R. P. (2004). Materials for a confrontation with genius as a personal identity. Ethos, 32(2), 278–288.

McDermott, R. P. (2006a). Situating genius. In Z. Bekerman, N. Burbules, & D. Silberman-Keller (Eds.), Learning in places (pp. 285–302). Bern: Peter Lang.

McDermott, R. P. (2006b). What is not known about genius. In S. R. Steinberg & J. L. Kincheloe (Eds.), What you don't know about schools (pp. 183–210). New York, NY: Palgrave MacMillan.

McDermott, R. P. (2011). Can we afford a theory of learning? In T. Koschmann (Ed.), Theories of learning and research on instructional practice (pp. 403–415). New York, NY: Springer.

McDermott, R. P., Goldman, S., & Varenne, H. (2006). The cultural work of learning disabilities. Educational Researcher, 35(6), 12–17.

McDermott, R. P., Gospodinoff, K., & Aron, J. (1978). Criteria for an ethnographically adequate description of concerted activities and their contexts. Semiotica, 24(3–4), 245–275.

McDermott, R., & Raley, J. (2008). The tell-tale body: The constitution of disability in schools. In W. Ayers, T. Quinn, & D. Stoval (Eds.), Handbook of social justice in education (pp. 431–445). Mahwah, NJ: Lawrence Erlbaum.

McDermott, R., Raley, J. D., & Seyer-Ochi, I. (2009). Race and class in a culture of risk. Review of Research in Education, 33(1), 101–116.

McDermott, R. P., & Roth, D. R. (1978). The social organization of behavior: Interactional approaches. Annual Review of Anthropology, 7, 321–345.

McDermott, R. P., & Varenne, H. (1995). Culture as disability. Anthropology & Education Quarterly, 26(3), 324–348.

McNeill, K. L., & Pimentel, D. S. (2010). Scientific discourse in three urban classrooms: The role of the teacher in engaging high school students in argumentation. Science Education, 94(2), 203–229.

Mehan, H. & Wood, H. (1975). The reality of ethnomethodology. New York: Wiley Interscience.

Mehan, H. (1979). Learning lessons: Social organization in the classroom. Cambridge, MA: Harvard University Press

Mehan, H. (1993). Beneath the skin and between the ears: A case study in the politics of representation. In S. Chailklin & J. Lave (Eds.), Understanding Practice: Perspectives on activity and context (pp. 241–268). New York, NY: Cambridge University Press. Cambridge, England: Cambridge University Press.

Mehan, H. (1998). The study of social interaction in educational settings: Accomplishments and unresolved issues. Human Development, 41(4), 245–269.

Mehan, H. (2008). Engaging the sociological imagination: My journey into design research and public sociology. Anthropology & Education Quarterly, 39(1), 77–91.

Mehan, H., & Cazden, C. B. (2015). The study of classroom discourse: Early history and current developments. In L. B. Resnick, C. S. C. Asterhan, & S. N. Clarke (Eds.), Socializing intelligence: Through academic talk and dialogue (pp. 13–34). Washington, DC: American Educational Research Association.

Merriam, S. B. (2009). Qualitative research: A guide to design and implementation. San Francisco, CA: Jossey-Bass.

Messing, J. (2007). Multiple ideologies and competing discourses: Language shift in Tlaxcala, Mexico. Language in Society, 36(4), 555–577.

Michaels, S. (1981). 'Sharing time': Children's narrative styles and differential access to literacy (Unpublished dissertation). Berkeley, CA: University of California, Berkeley.

Michaels, S. & Cazden. C. B. (1986). Teacher/child collaboration as oral preparation for Literacy. In, B. Schieffelin and P. Gillmore (Eds.), The acquisition of literacy: Ethnographic perspectives (pp. 132–154). Norwood, NJ: Ablex.

Michaels, S., O'Connor, C., & Resnick, L. B. (2008). Deliberative discourse idealized and realized: Accountable talk in the classroom and in civic life. Studies in Philosophy and Education, 27(4), 283–297.

Nasir, N. S. (2002). Identity, goals, and learning: Mathematics in cultural practice. Mathematical Thinking and Learning, 4(2–3), 213–247.

Nasir, N. S., & Hand, V. (2008). From the court to the classroom: Opportunities for engagement, learning, and identity in basketball and classroom mathematics. Journal of the Learning Sciences, 17(2), 143–179.

Norris, S. P., & Phillips, L. M. (2003). How literacy in its fundamental sense is central to scientific literacy. Science Education, 87(2), 224–240.

参
考
文
献

National Research Council. (2011). A framework for K-12 science education: Practices, crosscutting concepts, and core ideas. Washington, DC: National Academy Press.

Ochs, E. (1979). Transcription as theory. In E. Ochs & B. B. Schieffelin (Eds.), Developmental pragmatics (pp. 43–72). New York, NY: Academic Press.

O'Connor, M. C., & Michaels, S. (1993). Aligning academic task and participation status through revoicing: Analysis of a classroom discourse strategy. Anthropology & Education Quarterly, 24(4), 318–335.

O'Connor, M. C., & Michaels, S. (1996). Shifting participant frameworks: Orchestrating thinking practices in group discussion. In D. Hicks (Ed.), Discourse, learning, and schooling (pp. 63–103). New York, NY: Cambridge University Press.

Osborne, J., Erduran, S., & Simon, S. (2004). Enhancing the quality of argumentation in school science. Journal of Research in Science Teaching, 41(10), 994–1020.

Parsons, T. (1937). The structure of social action. New York, NY: McGraw Hill.

Peterson, D. (2009). Taking bloom in the whirlwind. Retrieved from http://www.las.illinois.edu/alumni/magazine/articles/2009/carollee/

Philip, T. M., Olivares-Pasillas, M. C., & Rocha, J. (2016). Becoming racially literate about data and data-literate about race: Data visualizations in the classroom as a site of racial-ideological micro-contestations. Cognition and Instruction, 34(4), 361–388.

Polman, J. L., & Hope, J., M. G. (2014). Science news stories as boundary objects affecting engagement with science. Journal for Research in Science Teaching, 51(3), 315–341.

Radinsky, J., & Tabak, I. (2017). Outgoing editors' note: The Journal of the Learning Sciences as a mirror of trends in the field. Journal of the Learning Sciences, 26(1), 1–6.

Rogoff, B. (1990). Apprenticeship in thinking: Cognitive development in social context. New York, NY: Oxford University Press.

Roschelle, J. (1992). Learning by collaborating: Convergent conceptual change. The Journal of the Learning Sciences, 2(3), 235–276.

Rosebery, A. S., Ogonowski, M., DiSchino, M., & Warren, B. (2010). "The coat traps all your body heat": Heterogeneity as fundamental to learning. The Journal of the Learning Sciences, 19(3), 322–357.

Roth, W.-M., & Lee, S. (2004). Science education as/for participation in the community. Science Education, 88(2), 263–291.

Roth, W.-M., & Lee, S. (2002). Scientific literacy as collective praxis. Public Understanding of Science, 11(1), 33–56.

Ryu, S., & Sandoval, W. A. (2012). Improvements to elementary children's epistemic understanding from sustained argumentation. Science Education, 96(3), 488–526.

Sacks, H., Schegloff, E. A., & Jefferson, G. A. (1974). A simple systematics for the organization of turn-taking in conversation. Language,

50, 696–735.

Sadler, T. D., & Zeidler, D. L. (2004). The morality of socioscientific issues: Construal and resolution of genetic engineering dilemmas. Science Education, 88(1), 4–27.

Sampson, V., & Blanchard, M. R. (2012). Science teachers and scientific argumentation: Trends in views and practice. Journal of Research in Science Teaching, 49(9), 1122–1148.

Sandoval, W. A. (2005). Understanding students' practical epistemologies and their influence on learning through inquiry. Science Education, 89(4), 634–656.

Sandoval, W. A. (2014). Science education's need for a theory of epistemological development. Science Education, 98(3), 383–387.

Sandoval, W. A., & Millwood, K. A. (2008). What can argumentation tell us about epistemology? In S. Erduran & M. P. Jiménez-Aleixandre (Eds.), Argumentation in science education (pp. 71–88). Netherlands: Springer.

Sandoval, W. A., Sodian, B., Koerber, S., & Wong, J. (2014). Developing children's early competencies to engage with science. Educational Psychologist, 49(2), 139–152.

Sandoval, W. A., Xiao, S., Redman, E., & Enyedy, N. (2015). Encouraging argument as the connective discourse of scientific practice. Paper presented at the Annual Conference of the National Association for Research in Science Teaching, Chicago, IL.

Sawyer, K. R. (2006). The Cambridge handbook of the learning sciences (1st edition). New York, NY: Cambridge University Press.

Sawyer, K. R. (2014). The Cambridge handbook of the learning sciences (2nd edition). New York, NY: Cambridge University Press.

Saxe, G. B. (2002). Children's developing mathematics in collective practices: A framework for analysis. Journal of the Learning Sciences, 11(2–3), 275–300.

Saxe, G. B. (2004). Practices of quantification from a sociocultural perspective. In K. A. Demetriou & A. Raftopoulos (Eds.), Developmental Change: Theories, models, and measurement (pp. 241–263). New York, NY: Cambridge University Press.

Schegloff, E. A. (1968). Sequencing in conversational openings. American Anthropologist, 70(6), 1075–1095.

Schegloff, E. A. (1980). Preliminaries to preliminaries: 'Can I ask you a question'. Sociological Inquiry 50(3–4), 104–152.

Schegloff, E. A. & Sacks, H. (1973). Opening up closings. Semiotica, 8(4), 289–327.

Schiffrin, D. (1987). Discourse markers. Cambridge, UK: Cambridge University Press.

Schmidt, R. (2007). Defending English in an English dominant world: The ideology of the "official English" movement in the United States. In A. Duchene & M. Heller (Eds.), Discourses of endangerment (pp. 197–215). London, UK: Continuum.

Sfard, A. (1998). On two metaphors for learning and the dangers of choosing just one. Educational Researcher, 27(2), 4–13.

Sfard, A. (2008). Thinking as communicating: Human development, the growth of discourses, and mathematizing. Cambridge, UK: Cambridge University Press.

Sfard, A. (2015). Why all this talk about talking classroom? Theorizing the relation between talking and learning. In L. B. Resnick, C. S. C. Asterhan, & S. N. Clarke (Eds.), Socializing intelligence through academic talk and dialogue (pp. 245–253). Washington, DC: American Educational Research Association.

Silverstein, M. (1996). Monoglot a standard in America: Standardization and metaphors of linguistic hegemony. In D. Brenneis & R. K. S. Macaulay (Eds.), The matrix of language: Contemporary linguistic anthropology (pp. 284–306). Boulder, CO: Westview Press.

Sinclair, J. M., & Coulthard R. M. (1975). Toward an analysis of discourse. New York, NY: Oxford University Press.

SRCD. (2004). SRCD oral history interview: Courtney Cazden (Interviewed by David Olson At the University of Toronto, May 12, 2004). Retrieved from https://www.srcd.org/sites/default/files/documents/OralHistory/cazden_courtney_interview.pdf

Tadic, N., & Yu, D. (2015). From aha moments to ethnomethodology: A conversation with Hugh Mehan. Working Papers in TESOL & Applied Linguistics, 15(1), 33–45.

Tannen, D. (2004). Interactional sociolinguistics. In U. Ammon, N. Dittmar, K. J. Mattheier, & P. Trudgill (Eds.), Sociolinguistics: An international handbook of the science of language and society (pp. 76–88). Berlin, Germany: Walter de Gruyter.

The Politics of Learning Writing Collective. (2017). The learning sciences in a new era of U.S. nationalism. Cognition and Instruction, 35(2), 91–102.

Tobin, J., Davidson, D. H., & Wu, D. Y. H. (1989). Preschool in three cultures: Japan, China, and the United States. New Haven, CT: Yale University Press.

Tobin, J., Hsueh, Y., & Karasawa, M. (2009). Preschool in three cultures revisited: China, Japan, and the United States. Chicago, IL: University of Chicago Press.

Tomlinson, S. (1997). Edward Lee Thorndike and John Dewey on the science of education. Oxford Review of Education, 23(3), 365–383.

Toulmin, S. E. (1958). The uses of argument. Cambridge, UK: Cambridge University Press.

Turner, M. G. (1996). Literacy and culture in the classroom: An interview with Kris Gutiérrez. Issues in Applied Linguistics, 7(2), 308–314.

van der Veen, C. (2016). Dialogische gesprekken met jonge kinderen. Interview met Courtney Cazden en Sarah Michaels. De Wereld van het Jonge Kind, 44(3), 23–25.

Varenne, H., & McDermott. R. P. (1998). Successful failure: The school

参
考
文
献

America makes. Boulder, CO: Westview.

Vygotsky, L. S. (1978). Mind in society: The development of higher psychological processes. Cambridge, MA: Harvard University Press.

Vygotsky, L. S. (1986). Thought and language. Cambridge, MA: The MIT Press.

Webb, N. M. (1980). Group process and learning in an interacting group. The Quarterly Newsletter of the Institute for Comparative Human Cognition, 2(1), 10–15.

Webb, N. M. (1982). Peer interaction and learning in cooperative small groups. Journal of Educational Psychology, 74, 642–655.

Webb, N. M. (1989). Peer interaction and learning in small groups. International Journal of Educational Research, 13, 21–40.

Webb, N. M. (1997). Assessing students in small collaborative groups. Theory into Practice, 36, 205–213.

Webb, N. M., Franke, M. L., De, T., Chan, A. G., Freund, D., Shein, P., & Melkonian, D. K. (2009). Teachers' instructional practices and small-group dialogue. Cambridge Journal of Education, 39, 49–70.

Webb, N. M., Nemer, K. M., & Ing, M. (2006). Small-group reflections: Parallels between teacher discourse and student behavior in peer-directed groups. Journal of the Learning Sciences, 15(1), 63–119.

Webb, N. M., Troper, J. D., & Fall, R. (1995). Constructive activity and learning in collaborative small groups. Journal of Educational Psychology, 87, 406–423.

Wells, G. (1993). Reevaluating the IRF sequence: A proposal for the articulation of theories of activity and discourse for the analysis of teaching and learning in the classroom. Linguistics and Education, 5, 1–37.

Wenger, E. (1998). Communities of practice: Learning, meaning, and identity. New York, NY: Cambridge University Press.

Wertsch, J. V. (1991). Voices of the mind: A sociocultural approach. Cambridge, MA: Harvard University Press.

Yang, F.-Y. (2004). Exploring high school students' use of theory and evidence in an everyday context: the role of scientific thinking in environmental science decision - making. International Journal of Science Education, 26(11), 1345–1364.

Zohar, A., & Nemet, F. (2002). Fostering students' knowledge and argumentation skills through dilemmas in human genetics. Journal of Research in Science Teaching, 39(1), 35–62.

参
考
文
献

后记

这本书试图将经典的课堂互动研究、做这些研究的学人，以及他们所处的社会历史情境联结起来。正如书中呈现的那样，每一个研究者的学术关切都与其成长经历密不可分。初出茅庐如我，也不例外。所以，我要感谢父母。当我沉浸在智识之中，他们牵挂着我的安全和健康。我对日常生活的兴趣和对他人的共情能力，离不开父母的熏陶和教诲。我要感谢我的硕士生导师霍益萍教授。她建议并鼓励我关注课堂，并将话语和互动分析作为博士阶段的主攻方向。她的言传身教对我有着无可估量的影响。我要感谢我的博士生导师威廉·桑多瓦尔（William A. Sandoval）教授。我希望自己三十年后能成为他现在的样子。

我要感谢华东师范大学课程与教学研究所。这里的开放、团结和进取为这本书的写作提供了最理想的氛围。我还要感谢华东师范大学出版社的顾晓清女士。在称不上顺利的写作过程中，一想到她是这本书的责任编辑，我就转忧为安。

这是一本挂一漏万、充满缺憾的书。它最好的部分是标题。"听说"有两层含义：课堂互动的基本元素是"听"与"说"；而我"听说"了互动研究领域里一些学者的故事，并把它们写了下来。"Revoicing the minds"则是后面这层含义的意译，同时又借用了"revoicing"这一课堂互动研究的经典术语。我自己不可能想得出这样的标题，这两者都来自于刘畅博士——我的同事、挚友与妻子。事实上，这本书的整体构想便是源于她的灵感与提议，而她的陪伴、鼓励与讨论也贯穿了写作的始终。对于她的参与，再多的感谢也是不够的。

在本书结束之际，我想起两个声音。一是在 2009 年夏天，霍老师建议我去美国留学，好好探索课堂里的话语、互动和教学，把那边的研究方法带回来。二是在 2017 年春天，美国教育研究年会期间，在圣安东尼奥市一个巨大的会展中心里，我和埃里克松有一次短暂的重逢。我们边走边聊，他的步履沉重而坚定。在这两个声音之间，我离开母校，又回到母校，从青涩学子成为了青年教师，而课堂互动研究成为了我的志业与日常。

为此，我以这本书向这段求学生活致谢与告别。